VIOLENCIA MASCULINA
EN EL HOGAR

Felipe Antonio Ramírez Hernández

EDITORIAL
PAX MÉXICO

EL LIBRO MUERE CUANDO LO FOTOCOPIAN

Amigo lector:

La obra que usted tiene en sus manos es muy valiosa; en ella, su autor ha vertido conocimientos, experiencia y años de trabajo. El editor ha procurado una presentación digna de su contenido y pone todo su empeño y recursos para difundirla ampliamente, por medio de su red de comercialización.

Cuando usted fotocopia este libro o adquiere una copia «pirata» o fotocopia ilegal del mismo, el autor y el editor dejan de percibir lo que les permite recuperar la inversión que han realizado, y ello fomenta el desaliento de la creación de nuevas obras.

La reproducción no autorizada de obras protegidas por el derecho de autor, además de ser un delito, daña la creatividad y limita la difusión de la cultura.

Si usted necesita un ejemplar del libro y no le es posible conseguirlo, le rogamos hacérnoslo saber. No dude en comunicarse con nosotros.

Editorial Pax México, Librería Carlos Cesarman S.A.

©2000 Editorial Pax México,
     Librería Carlos Césarman, S.A.
     Av. Cuauhtémoc 1430
     Col. Sta. Cruz Atoyac
     México, D.F. 03310
     Tel.: 5605 7677
     Fax: 5605 7600
     Correo electrónico: editorialpax@editorialpax.com
     Página web: www.editorialpax.com

Tercera reimpresión, 2004
ISBN 968-860-501-8
Reservados todos los derechos
Impreso en México/Printed in Mexico

A mis padres, quienes con sus errores y aciertos me enseñaron de dolores y alegrías; humildad, disciplina, entereza y honestidad.

A todas las mujeres que con sus vidas y sus muertes nos piden despertar. Y a todos los hombres que tienen el deseo de despertar.

Advertencia

Estimado lector:[1]

¡Este libro le va a «mover el tapete»!, así que quiero prepararlo para leerlo.

El tema de la violencia intrafamiliar es sumamente doloroso en muchos niveles y por diferentes razones; así, es muy probable que usted tenga una respuesta emocional e intelectual muy fuerte a lo que aquí expongo. La violencia intrafamiliar no es, ni debe de ser, un tema que podamos abordar en forma desapasionada; sin importar lo cercano o lejano que esté de nuestras vidas. Usted puede apasionarse cuanto quiera en la dirección que le parezca más apropiada; sin embargo, le pido que abra su mente y especialmente su corazón; que se pregunte honestamente de dónde viene esta pasión por el tema; si es por temor a encontrarse reflejado, por sentirse enojado ante las injusticias que *otros* hombres cometemos, o por ambos.

He querido que este libro sirva como referencia sobre la violencia intrafamilar, pero también como una invitación a la autoexploración. Al leer este libro, usted se estará evaluando constantemente y preguntándose si es violento o no; entonces, usted mismo será el que se «mueva el tapete». Cuando lo que pensamos, sentimos y hacemos, o sea nuestros modelos aprendidos de vida, son confrontados y nos damos cuenta de que no funcionan, tendemos a buscar otros que nos lleven a mejorar nuestra vida o a hacerla peor aunque, hasta

---

[1] Este libro está dirigido principalmente a hombres, por eso uso el masculino.

ahora, no he conocido a una persona que conscientemente quiera empeorar su vida; así que ésta es una excelente oportunidad para que usted reflexione y cambie lo que ya no le sirve. Al hacer esta revisión de sus ideas, emociones, cuerpo, su relación con su pareja y su comunidad, usted estará dando un paso muy importante para mejorar su vida y la de las personas que conviven con usted. Le pido que haga la prueba, y piense que su vida y sus relaciones merecen este positivo cambio. Si está listo para esta autoexploración, adelante; pero recuerde que la experiencia de leer este libro va a sacudir *todo* lo que hasta ahora sabía o percibía como «normal» o «natural».

Si está dispuesto a profundizar en esta reflexión para saber si es violento o no, al final del libro encontrará un cuestionario que le ayudará a evaluarse a usted mismo. Le sugiero sacar dos copias de este cuestionario: una es para que la conteste primero, la otra la vamos a usar después. Al final de cada capítulo encontrará una serie de preguntas que le servirán de guía para hacer su trabajo personal. Le sugiero tener a la mano papel y lápiz para anotar sus respuestas. Me gustaría que después de hacer este ejercicio me hiciera llegar una copia. Conocer sus ideas me ayudará a aprender más sobre el tema de la violencia intrafamiliar, así como a revisar y mejorar la teoría y el libro.

Índice

Prólogo

Como mujer, leer un libro dirigido a hombres y, además prologarlo, han sido dos experiencias interesantes para mí. Antonio Ramírez anticipa que el libro «les va a mover el tapete» a los hombres.

Quiero decirle a Antonio que eso deseamos las mujeres. La violencia y sus daños nos marcan desde hace mucho tiempo y de manera profunda a las mujeres. Nuestra conciencia ha florecido y se fortalece cada día para erradicarla de nuestras vidas. Sin embargo, las mujeres que hemos participado en procesos para eliminar la violencia y sus consecuencias, no encontramos hombres interlocutores ni en los espacios públicos ni en los hogares. Por donde voy, escucho en la voz de más y más mujeres un reclamo por la inconciencia de los hombres sobre el significado y el impacto nocivo de su violencia. Sobresalen la desilusión y la rabia por la falta de compromiso de muchos hombres, incluso de avanzada y progresistas que ven la violencia como inevitable, como un asunto que les es ajeno, o además usan y abusan de ella. El deseo amasado por mujeres violentadas es que se haga *algo* directamente con los hombres para ponerle un alto a su manera de ser violentos, a las secuelas de daños y a la impunidad. Muchas quisieran que además de los procesos judiciales se dé tratamiento psicológico a los hombres, que también intervengan consejeros comunitarios o programas con perspectiva de género para hacerlos cambiar.

Los anhelos de justicia *transformadora* surgen entre mujeres comprometidas en eliminar la violencia y reparar los daños en las víctimas. Sobreviene tras darse cuenta de que no es posible dejar incólumes a los hombres en esos afanes.

Más aún, para muchas mujeres un requisito mínimo para redefinir y reorientar las relaciones con los hombres es que ellos abandonen su violencia contra las mujeres, contra otros hombres y contra ellos mismos. La conexión entre violencia masculina y violencia económica, social, política, militar y armada, es cada vez más visible.

Este libro contiene búsquedas y aportes de hombres que enfrentan la violencia entre hombres de manera directa, personal y grupal.

La modernidad ha sido revisitada críticamente en su apología de la violencia. En el umbral del milenio, tenemos un bagaje *deconstructivo* de las violencias y creador de alternativas para modos de vida que fomenten condiciones de confianza, seguridad y desarrollo. Entre esos procesos destacan la conciencia *postnuclear* de la devastación y la capacidad destructiva sofisticada y científica, siempre masiva e instantánea. La conciencia *postcampos de concentración* que ha dado luz sobre las capacidades de exterminio masivo e individual, personal y directo. En nuestro tiempo se abre camino una y otra vez la conciencia adolorida por las pérdidas humanas, sociales y culturales tras los hechos militares y guerreros de cualquier signo. La convergencia de conciencias horrorizadas ante los *avernos* inmediatos y tangibles ha desembocado en la alternativa pacifista. Es una tendencia renovadora de la modernidad que busca enfrentar conflictos con recursos dialógicos y de negociación, y eliminar el derecho de cualquier fuerza, grupo o persona, a usar la violencia contra los *otros* para hacer avanzar sus fines.

En caminos paralelos a estas tendencias, y por sus propios recorridos, se ha desarrollado la conciencia feminista que ha dirigido su análisis a la relación entre condición masculina patriarcal y violencia, y ha establecido que el monopolio de la mayor parte de la violencia masculina es un hecho político oprobioso que permite a los hombres mantener su dominio patriarcal a la vez que potenciar sus capacidades de exterminio. La investigación feminista y de otras filiaciones ha mostrado que la violencia no se transmite genéticamente.

Por el contrario, requiere sofisticados sistemas pedagógicos y de reproducción social, cultural y política: se aprende, se enseña, se fomenta, se legitima, se la autoriza y se la convierte en valor, virtud y cualidad, en atributo de género, clase, edad. Es decir, cualquier grupo o categoría social con poder tiene legitimidad para la violencia.

El feminismo ha demostrado científicamente que las sociedades patriarcales han recurrido a la violencia como mecanismo de expropiación a las mujeres: expropiación de sus cuerpos, su sexualidad, sus hijos e hijas, su trabajo, sus bienes y recursos, así como de sus obras y productos. La violencia ha sido un recurso de dominación directa y ejemplar sobre todas las mujeres, al producir de manera anticipatoria miedo generalizado, parálisis, control y daños sobre ellas. Un análisis macrohistórico sobre la *violencia de género* contra las mujeres revela que ésta ha conducido a un verdadero *feminicidio*.

En espacios de resignificación de género, académicos, populares, gubernamentales y civiles, más mujeres condicionan sus vínculos (sexo-afectivos, amorosos, laborales, familiares y de participación social y política) con los hombres, a la eliminación de su violencia. Y, para personas de cultura moderna, es evidente que la violencia es en realidad una cadena de violencias articuladas. La construcción de la democracia precisa *deconstruir* (conocer, criticar, desaprender y desmontar) la violencia en todas sus manifestaciones. Hoy sabemos que el desarrollo social y el desarrollo personal son impedidos por la violencia. Donde disminuye la violencia aumentan los avances personales y colectivos, se establece un clima de convivencia y seguridad que elimina el miedo y el desgaste y libera energías vitales para remontar relaciones opresivas. La confianza sólo surge de la no-violencia y la construcción de alternativas para mujeres y hombres, familias y barrios en pueblos o ciudades. Crear confianza pasa por eliminar la violencia como recurso de dominación y de enfrentamiento de problemas personales y sociales.

Pero la violencia ha sido también un recurso de dominio y jerarquización entre los hombres en tanto personas. Pero como los hombres se apropian de pueblos, grupos, espacios y territorios, dominar a otros hombres ha sido clave de dominio sobre esas categorías y sobre los recursos y los bienes. La hostilidad, la agresión y la violencia germinan en la rivalidad excluyente y competitiva entre los hombres. La violencia masculina ha producido daños personales irreparables, crueldad, abuso y maltrato. La violencia masculina ha generado muerte: homicidio, feminicidio, genocidio, etnocidio y devastación de la naturaleza y del patrimonio cultural. Hoy es considerada crimen contra la humanidad.

En la cultura feminista del siglo XX se ha producido la crítica a la violencia y la convicción de que es posible desmontar la violencia precisamente porque no es natural, sino construida. Con esta perspectiva, desde el campo político del feminismo se han hecho enormes esfuerzos inmediatos y mediatos, micro y macrosociales, ya sea en localidades, regiones y países, para enfrentar la *violencia de género*. A través de las redes de globalización hoy se reúnen y desarrollan voluntades y acciones en todo el mundo La denuncia de las mujeres, los reclamos y la invención de caminos por las mujeres mismas han tenido resultados positivos desde procesos locales hasta reuniones mundiales como las de Viena, El Cairo, Belem Do Pará, Río de Janeiro y Beijing, por citar cumbres emblemáticas. El cambio ha consistido en llamar violencia a lo que no se llamaba violencia. A pesar de la propaganda visible e invisible y de la coerción ejercida sobre las mujeres para considerarla inevitable, hemos hecho un viraje ético al plantear que la violencia es injusta e ilegítima y que no la queremos.

En las últimas décadas, varios cambios destacan en la conciencia de las mujeres como *sujetas* políticas y de los hombres en renovación: uno es el rechazo creciente a la violencia y otro ha sido colocar su eliminación como parte fundamental de la agenda política por la democracia y el desarrollo humano. Hoy la *ciudadanía* de las mujeres y los *derechos* de las *humanas* están definidos por la consecución de una vida sin miedo y sin violencia.

Las acciones movilizadoras transforman ya estructuras jurídicas y políticas gubernamentales, civiles e intergubernamentales. Hoy la eliminación de la *violencia de género* es declaración de principios, plataforma de acción, políticas públicas y deber ético. A esa convicción política se debe la creación, aunque sea insuficiente todavía, de mecanismos legales para sancionarla y discursos ideológico-jurídicos para desligitimarla; se ha hecho investigación para conocer su génesis y sus mecanismos de reproducción. Desatacan en la política feminista las acciones concretas para impedir, enfrentar y desarticular la violencia. Conmueve la vocación reparadora de las víctimas, realizada sobre todo por mujeres. Con estos propósitos han sido creadas instituciones en todo el mundo para implementar políticas públicas para denunciarla, procesarla judicialmente y castigarla. Se ha desarrollado un campo en la salud pública y comunitaria para atender a las víctimas física, emocional y afectivamente, de manera integral. Se han diseñado políticas de prevención y protección frente al avance de la violencia y a los poderes de los violentos. Emergen fórmulas de readaptación social, reinserción laboral y educativa para las personas y comunidades afectadas por la violencia.

Y ahora también se han desarrollado acciones y mecanismos para los hombres violentos y lograr su transformación en *no-violentos*. La intervención de las mujeres en estos procesos es ya histórica y sabemos que se ampliará.

Lo novedoso es la participación directa de hombres con conciencia de género *anti-machista* o *pro-feminista* en la desarticulación de la violencia en su propio género. La preocupación de estos hombres y sus esfuerzos son bienvenidos por las mujeres como el agua es bienvenida por la persona sedienta. A muchas de nosotras nos parece que ahí se inicia un verdadero compromiso práctico, concreto, con la filosofía de la igualdad y los anhelos de eliminar la opresión patriarcal. Hoy hace falta que más y más hombres se integren a estos esfuerzos, reproduzcan sus aprendizajes y sean ejemplares en sus masculinidades.

Destaca como dimensión política de la intervención masculina en la eliminación de la *violencia de género,* la redefinición de las identidades masculinas sin violencia y la construcción práctica de nuevas formas de ser hombres afirmados sin violencia. Desde esta perspectiva, las identidades, la ciudadanía y los derechos humanos de los hombres y sus responsabilidades, son otros. Sólo sin violencia es posible la igualdad entre mujeres y hombres y la transformación de todas las relaciones entre personas adultas jóvenes y viejas, niñas y niños. Sólo sin violencia es posible transformar en confiables y seguros, los espacios cotidianos más íntimos como la casa, la familia y la pareja. Sólo sin violencia la calle, la escuela, el trabajo, los espacios de recreación, juego y deporte, y los de creación artística, cultural, religiosa y política pueden ser de encuentro solidario entre las personas.

Enfrentar a los hombres con su violencia es el método impulsado por Antonio Ramírez y confirma la *epistemología de la conciencia tradicional en el feminismo experimentado por mujeres,* como el mejor recurso para lograr la *deconstrucción* de la violencia. Se aúna a este enfoque la enseñanza de que la voluntad es un ingrediente en la violencia. Las ideologías patriarcales eximen a los hombres de responsabilidad y justifican su irresponsabilidad al convertir la violencia en natural, irracional, producto de la ofuscación y pérdida de lucidez. Desde luego, la ideología política de la culpa cubre cualquier vacío: los hombres se violentan por culpa de las mujeres. Sin embargo, en la metodología diseñada por Antonio es evidente que en cada hecho de violencia la voluntad intervino y la persona decidió ser violenta; tiene una responsabilidad y debe asumirla.

Finalmente, el proceso es re-educativo al mostrar que habría otras opciones *no-violentas* en los conflictos; ahí estaban, pero fueron desechadas. La reeducación implica cambiar de opción y apostar por otras fórmulas posibles y, si no las hubiera, por inventarlas. Por eso, los procesos individuales deben ser acompañados por procesos sociales y culturales que apoyen y afirmen la opción *no-violenta,* que valoricen a la persona, le confieran reconocimiento y *prestigio y lo afirmen en el camino no violento. Se trata de hacer de la* ética de la *no-violencia* una dimensión central de la cultura, del sentido común, de las tradiciones, creencias y los valores circulantes. La *no-violencia* debe permear, desde luego, los lenguajes verbales, corporales, imaginarios y simbólicos de tal manera, que deje de ser minoritaria, marginal y de tener la marca de lo inusual, lo exótico, al estar confrontada con la legitimidad violenta.

Todas las acciones para eliminar la *violencia de género* se han realizado al mismo tiempo y en desventaja con la economía, la cultura, las reacciones sociales y la política, fenómenos sociales modernos y modernas patriarcales que fomentan la violencia de manera contundente y eficaz. Lo hacen a través del mercado, las estructuras, relaciones y los estereotipos sociales, y de los medios educativos y de diversión, de los medios masivos de información (la prensa, la televisión, el radio, el cine, los juegos virtuales y los deportes), pero también a través de las artes, la literatura y hasta de la historia convertidas en crónicas y loas de alabanza a la violencia y al heroísmo violento de los hombres.

Desde luego, el *machismo,* como una de las dimensiones del sexismo, se asienta en la legitimidad de la violencia. Como dimensión que permea todo el corpus cultural, el *machismo* asocia la condición y la identidad masculinas al ejercicio de la violencia como un valor positivo y el engrandecimiento de los hombres al ser violentos en todo: incluyendo la vida cotidiana comunitaria, familiar y de pareja, la paternidad, el amor y la amistad, tanto como la religiosidad y la política. En la cultura hegemónica los discursos y mandatos para que los hombres sean violentos y se sientan bien con ello, abarcan una alienante actualización de la relación *eros-amor-violencia-política.* De esta manera, la pedagogía política de la violencia abarca también a la condición femenina: aceptar la violencia es parte del eros sobredimensionado en la realización cosificada de las mujeres estereotipadas como Barbies, de mujeres retadoras que asumen, masculinizadas, la defensa y el uso de la violencia, y de mujeres sometidas a yugos tradicionales como hijas, cónyuges, madres, hermanas, amigas, alumnas, fieles, militantes, seguidoras. El dominio patriarcal sobre las mujeres es tal, que la violencia no deja a ninguna fuera: cualquier desconocida puede quedar atrapada en hechos violentos de apropiación, venganza o saña.

Eliminar la *violencia de género* pasa por construir procesos de igualdad verdadera entre mujeres y hombres, pero también igualdad intragenérica, así como por lograr mecanismos de equidad social en el acceso a recursos y oportunidades para evitar confrontaciones, es decir, en desmontar el monopolio masculino sobre bienes, propiedades, recursos y oportunidades. Desde luego, nuestra tarea enmarcada en la fuerza política de los medios y la globalización requiere priorizar la vigilancia social sobre contenidos violentos en la cultura y la sociedad, y sustituirlos por nuevos valores y nuevas prácticas sociales. Es decir, necesitamos desmontar la relación entre violencia y política. La ética de la justicia debe prevalecer. Más allá de la violencia surge para mujeres y hombres, niñas, niños, jóvenes y viejos la posibilidad de la libertad, la realización personal y colectiva, la cooperación social y la solidaridad.

Es preciso señalar el papel pionero de Antonio Ramírez en la causa de la no violencia masculina en México y Centroamérica, además de su trabajo constante en el estado norteamericano de California. Él ha convencido a hombres, los ha preparado en la metodología específica para la transformación masculina y ha sido un verdadero maestro. Antonio es un guía para otros hombres que ya multiplican la experiencia y apoyan programas y acciones de los movimientos y organizaciones de mujeres, de organizaciones de hombres renovadores, así como de instituciones civiles y gubernamentales.

Su reconocimiento no se debe sólo a su adecuada metodología, su eficiencia y sus capacidades operativas. Antonio ha conmovido a hombres y mujeres de manera ejemplar. La ternura ha sido un recurso de osadía que transmite a los hombres. Su forma de ser, inteligente y asertiva, es acompañada por maneras suaves, delicadeza y dulzura. El seductor ejemplo de Antonio muestra a otros hombres la ganancia vital de no ser violentos y los alienta a lograrlo en su propia persona, en su ámbito familiar, con sus colegas y amigos. Para las mujeres feministas ha sido invaluable su presencia; vista en un principio como la de un aliado, es hoy la de un hombre que transita con otros hombres los caminos feministas con legitimidad, y al hacerlo inauguran pactos inéditos entre ellos. Conocerlo, compartir con él, con otros compañeros de grupos inspirados en su trabajo, oír sus pasos por doquier, renueva mi convicción de que es posible ir creando aquí y ahora espacios vivibles con hombres confiables.

Reconocemos y queremos a Antonio por ser como es y hacer lo que hace. Invito a los lectores y a las lectoras de este libro a conocer y sumarse a una de las experiencias más importantes y conmovedoras que, de manera silenciosa pero en crecimiento, hace que las alternativas sean reales en nuestro mundo inmediato.

Marcela Lagarde
Coordinadora de los Talleres Casandra
de Antropología Feminista

Prefacio

Previo al conocimiento que encontrarás en este libro, quisiera compartir algunos de los rasgos de esta puerta que estás a punto de abrir. Si eres hombre, te recomiendo seguir abriéndola, pues hallarás muchas pistas para iniciar tu camino de des-aprender la violencia y para construir relaciones de respeto, cercanía y afecto. Si eres mujer, te invito a entrar, a conocer nuevos conceptos e ideas para nombrar esas actitudes confusas y conductas inexplicables que los hombres tenemos cotidianamente con la violencia; tal vez, eso te ayude a comprender que no estás loca ni es tu culpa, sino que convives con un hombre violento.

Conocí a Antonio Ramírez en 1992, cuando generosa y decididamente nos invitó a reflexionar a un grupo de hombres en México sobre la manera en que ejercíamos la violencia en nuestra vida cotidiana. Mi primera reacción fue de duda:

«Seguramente está hablando de otros hombres; ¿o realmente soy violento?» Después de un tiempo de defenderme como gato boca arriba, con diversos argumentos que daban vueltas en mi cabeza, caí en la cuenta de que me daba miedo mirarme al espejo y descubrir las formas burdas y sofisticadas que tenía de agredir y manipular en mis relaciones. También descubrí que me dolía el hecho de que se cayera mi imagen de sabelotodo y de crítico, pues comenzaba a reconocer que detrás había un inmenso vacío y una espantosa inseguridad. Luego comprendí que debía elegir: o me seguía mintiendo, o iniciaba el camino para reencontrarme y llenarme de verdades que podían salir más de mi corazón y de mi cuerpo, que de mi cabeza y de lo que me decían los demás.

Para mi sorpresa, estaba más cerca de lo que creía; pues al poner en práctica nuevas maneras de convivir sin violencia, me sentí mejor y mis relaciones comenzaron a cambiar; lentamente, pero empezaron a cambiar. Había dado el primer paso y comencé a ver ante mí muchas posibilidades de ser hombre: un enriquecedor camino para vivir día con día, y que hoy sigo andando.

La mayoría de los hombres en México y Latinoamérica hemos aprendido a usar la violencia como una forma de enfrentar las diferencias y los conflictos en la vida cotidiana. Esto tiene graves consecuencias para las mujeres y para nosotros mismos. Sin embargo, cuando los hombres ejercemos la violencia, no somos capaces de reconocerla como un acto de abuso de poder y que produce dolor. Por el contrario, la mayoría de las veces la percibimos como algo confuso o justificable, según nuestras creencias de lo que significa ser un hombre, puesto que también son las maneras en que hemos aprendido a valorarnos como personas.

Muchos hombres que llegan a los grupos de apoyo argumentan que son violentos porque su pareja «quiere hacer lo que ella quiere», manifestando de esta manera que entre sus creencias no está considerar a su pareja como igual, y esa es la raíz de su violencia. También, muchas veces he escuchado: «si no soy machista; si yo no soy el que controla y manda en mi casa, entonces tendré que hacerle caso a ella en todo»; o: «si no mando, me mandan». Esto expresa una lógica dicotómica, excluyente y jerárquica, que no nos permite ver la posibilidad de tener relaciones que incluyan el respeto a las diferencias, poderes compartidos y la negociación.

A fines de este siglo, los esfuerzos por que sea reconocida la igualdad de derechos entre hombres y mujeres es una tarea todavía por hacer realidad en muchos hogares y comunidades del continente y del mundo. Necesitamos seguir trabajando para que las diferencias dejen de ser causa de discriminación, como han expresado diversos grupos de mujeres desde hace más de medio siglo. También resulta necesario llevar del papel a la práctica diaria los numerosos tratados internacionales, constituciones y leyes de los países que establecen la igualdad de condición humana entre mujeres y hombres.

Esto implica reconocer que las creencias de superioridad de los hombres (las ideas que conforman el machismo) son un obstáculo para nuestro desarrollo como personas, familias y grupos, y que es urgente desarmar la combinación entre masculinidad y violencia para construir una cultura de paz y democracia en nuestras relaciones. La próxima revolución cultural y social de las relaciones entre los géneros puede iniciar hoy mismo: en el momento en que un hombre decide respetar a su pareja y a sus hijos e hijas; abrir su corazon y vivir de acuerdo con su propia experiencia emocional, no con las expectativas sociales de dominio y control para los hombres.

Se dice fácil, pero es un proceso que implica un trabajo (energía y tiempo) para *des-construir* nuestros aprendizajes de 15, 30 o 50 años y construir nuevas formas de relacionarnos para las cuales no hay modelos, ni recetas. Además, es algo a lo que no estamos acostumbrados. Con lo que sí podemos contar es con la experiencia de otros hombres y con sus hallazgos, como los que ahora nos presenta este libro.

El trabajo que Antonio realiza en California con hombres de diversos países, le ha permitido mantener un contacto con la cultura latina y sorprenderse con lo que todavía es «normal» para muchos hombres y familias de nuestros países. Esta experiencia de cambio cultural también le ha permitido tener una mirada crítica a la propia violencia que se genera y recrea en la sociedad estadounidense, lo cual confirma que este problema va más allá del desarrollo económico y del nivel educativo de los pueblos. Al mismo tiempo, esta revisión ha hecho posible construir relaciones de cooperación y de amistad entre hombres, así como la posibilidad de compartir puntos de vistas diferentes y enriquecer nuestras experiencias.

Al compartir sus aprendizajes, Antonio Ramírez nos ha permitido poner en práctica la posibilidad de crear redes de apoyo entre hombres para transformar nuestra cultura, no sólo con un interés político global, sino, de manera fundamental, como una necesidad de crear espacios personales y colecti-

xxiv ✦ F. ANTONIO RAMÍREZ HERNÁNDEZ

vos de respeto, crecimiento, salud y placer para todos y todas.

Por último, agradecemos a Antonio todos estos años de generosa compañía y asesoramiento, pues nos ha ayudado a crear nuevos caminos y a comprobar que los contenidos de este libro sí funcionan cuando los ponemos en práctica en nuestra vida cotidiana.

Eduardo Liendro
Colectivo de Hombres por
Relaciones Igualitarias, A.C. (CORIAC)

Agradecimientos

Quiero reconocer el gran apoyo que he recibido de mi pareja, Suzanne Gottschalk, cuando estamos juntos o cuando me encierro en mis mundos para trabajar o viajar. Con su individualidad, independencia, inteligencia, sentido del humor, poder, paciencia y amor ha promovido las mías, y esto nos ha permitido crear una relación rica y espontánea. Estas cualidades han sido muy importantes, especialmente cuando le pido tiempo de soledad para poder terminar mis proyectos, como este libro.

Otra persona que merece reconocimiento en el proceso de escribir este libro, es Janine Tirado. Ella fue la primera persona que leyó el manuscrito inicial y me motivó a continuar. Su apoyo y revisiones tuvieron un gran valor para concluir el proyecto.

Ya terminado el libro, Mónica Vega me tuvo mucha paciencia; con notable entusiasmo, realizó la corrección de estilo y aportó sus conocimientos sobre género y edición. Ambas compañeras me han brindado su experiencia y sobre todo su amistad, que valoro inmensamente.

Mi colega Luis Ortega también me ha brindado su apoyo y amistad. Él se queda a cargo de la administración y las clases en POCOVI* cuando yo me dedico a investigar, escribir o cuando tengo que viajar para impartir cursos de capacitación y diversos talleres. Este libro no hubiera sido escrito sin la inspiración y apoyo que Luis me ha brindado.

A los compañeros que comparten su vida con nosotros en las entrevistas, deseo expresarles mi gratitud. Y también a

---

* Programa de Hombres Contra la Violencia Intrafamiliar, en San Francisco.

todos los que participan en POCOVI y en el Programa Respeto,* porque son una fuente especial de inspiración y aprendizaje para mí.

A Ivonne Van Buuren, que con su perseverancia y apoyo contribuyó de manera importante al establecimiento de dicho programa.

La amistad de los compañeros de CORIAC,** en México, en especial de Francisco Cervantes y Eduardo Liendro, ha sido desde el principio un regalo invaluable.

Mis colegas de Atlanta, la doctora Julia Perilla, Felipe Pérez y Juana Pérez, junto con su equipo, siempre me conmueven por su gran corazón y compromiso.

Nunca olvido a las compañeras y los compañeros que participaron en los cursos de capacitación en Honduras y Panamá.

Finalmente, quiero agradecer a todas las mujeres que de una u otra forma me han enseñado a tener relaciones equitativas. Sería imposible nombrarlas a todas, pero nunca me olvido de ellas; especialmente de lo que me han enseñado.

---

* El Programa Respeto es un programa para hombres violentos en San Rafael, California, que trabaja con el modelo de CECEVIM (Centro de Capacitación para Erradicar la Violencia Intrafamiliar Masculina), creado por el autor en San Francisco, California.

** Colectivo de Hombres por Relaciones Igualitarias, A.C.

Introducción

Hay muchas cosas: la más importante es que hubiera querido saber de estos programas hace mucho tiempo. Perdí mi tiempo creyendo que era un macho en mi hogar, creyéndome el dueño de mi esposa y de mis hijos. Ojalá que las puertas de este programa se hubieran abierto antes.

Ricardo

Al igual que el compañero Ricardo se pregunta: «¿por qué nadie me había enseñado esto?», muchos hombres que llegan al programa* y empiezan a dejar de ser violentos en sus hogares hacen la misma reflexión. Y estoy de acuerdo con ellos: ¿por qué no nos enseñan desde niños a ser cooperativos, igualitarios, justos y democráticos con nuestras propias compañeras, las personas con las que queremos vivir y crear una relación que tenga estas características?

Decir «Yo no quiero ser violento, pero no sé qué me pasa», es una forma de expresar la necesidad que tenemos los hombres de recibir apoyo para entendernos y terminar con nuestra violencia. Hasta ahora, ni los psicólogos, médicos, sacerdotes o maestros han podido dar una respuesta satisfactoria. Tanto en el programa para hombres violentos, como en presentaciones y talleres que imparto, siempre pregunto si los hombres presentes *desean* ser violentos con sus parejas; la respuesta es siempre sorprendente: «claro que no; no quiero

---

* San Francisco ManAlive, programa para hombres violentos fundado por el autor.

ser violento con ella», a pesar de haber sido violentos en muchos casos.

En cierta ocasión tomé un taxi y empecé a platicar con el conductor; hablamos sobre los problemas de la ciudad y del país. Finalmente, me preguntó a qué me dedicaba. Esta pregunta siempre me deja perplejo, pues la reacción a mi respuesta es generalmente de sorpresa. «Dirijo un programa para hombres que han sido violentos con sus parejas y quieren dejar de serlo.» Los ojos en el retrovisor se fijaron en los míos, se hizo un silencio y era evidente que el conductor estaba pensando algo muy profundo. Lo dejé pensar, y unas cuadras antes de llegar a mi destino me preguntó dónde se reúne el grupo, si es abierto, si cobran y qué se requiere para ir como «observador». «Precisamente voy para allá, se reúne los martes a las 7:00 y cualquier hombre puede asistir para ver si el programa puede ayudarle. Si no le gusta, pues se va y listo». Los ojos en el retrovisor se quedaron pensando nuevamente. Cuando llegamos, le dije: «aquí es, en este edificio, y nos reunimos los martes a las siete de la noche.»

El 60% de las mujeres es víctima de la violencia física por parte de sus compañeros; seis de cada diez[1]. Una mujer debe temer más a su compañero de vida que a cualquier otra persona, pues más mujeres mueren a manos de ellos que por cualquier otra forma de violencia. ¿Cómo podemos entender que los hombres que decimos querer una relación cooperativa y amorosa terminemos siendo tan peligrosos para nuestra pareja?

Todo lo anterior me ha llevado a reconocer que existen varios aspectos que debemos considerar cuidadosamente cuando nos referimos a la violencia intrafamiliar:

❖ Somos los hombres quienes estamos destruyendo a nuestras parejas en nuestros propios hogares.

---

[1] Gómez Nadal, Paco, «Sopa de muñeca a discreción» en *El país internacional*.

Boffil, Luis y Guadalupe López, «La mitad de las familias yucatecas padecen maltrato físico y sexual» en *La Jornada*.

❖ Debido a la gran cantidad de hombres violentos, es claro que éste es un problema de *nosotros* los hombres.

❖ Hasta ahora, no existe una educación ni el apoyo adecuados para crear relaciones alternativas que realmente sean íntimas, democráticas, igualitarias y justas. Las mujeres han pedido este tipo de relaciones durante mucho tiempo, pero nosotros no hemos querido escucharlas.

❖ Las mujeres ya no están dispuestas a aceptar ni a tolerar nuestra violencia.

Para profundizar en estos aspectos, me parece importante compartir mi experiencia como una forma de empezar a asumir la responsabilidad de parar nuestra violencia y crear los medios para aprender a llevar las relaciones cooperativas y creativas que tanto decimos querer.

Este libro es el producto de 11 años de trabajo conmigo mismo y con otros hombres. Mi trabajo empezó cuando terminé de estudiar música, en 1987. Entonces necesitaba encontrar trabajo y respondí a un aviso del periódico, aunque no sabía realmente lo que era. Como había estudiado psicología en México y había trabajado como «consejero» en California, pensé que era un buen candidato para trabajar como «consejero bilingüe en un refugio de mujeres». No sabía lo que era un refugio de mujeres, y mucho menos había puesto atención a la violencia del hombre contra la mujer en el hogar. Peor aún: a pesar de ser un hombre educado y políticamente activo, tenía aspectos machistas que molestaban a mi ex-esposa y a las mujeres que me rodeaban. Sin embargo, tenía la vaga impresión de que algo estaba mal. Mis relaciones eran superficiales y no llegaba a entender mis propias actitudes respecto a esas relaciones. Reaccionaba en forma crítica, sarcástica y solía considerar inadecuado lo que *todas* las demás personas hacían o pensaban. Las mujeres eran una forma de compañía sexual, más que cualquier otra cosa. Nuevamente, sabía que algo no funcionaba.

Cuando llegué a la primera entrevista para solicitar el trabajo con hombres violentos, dos cosas me sorprendieron: por un lado, había un rasgo obvio que había pasado por alto: me creía superior a las mujeres, y de paso a los hombres, y siempre quería imponer esta creencia. A pesar de que había hablado, pensado, discutido y peleado contra la opresión, no había querido darme cuenta de que yo mismo estaba oprimiendo a las mujeres a mi alrededor. El segundo aspecto era la simpleza del programa MANALIVE [2], que entonces me presentaron. No imaginaba que el proceso iba a ser muy largo y de gran aprendizaje para mí. Para que yo pudiera dejar mis actitudes machistas y violentas, era necesario que me explicaran de manera muy sencilla, porque no estaba dispuesto a poner mucha energía en escuchar complejidades y analizar *los privilegios de ser hombre* en esta sociedad.

Como a todos los hombres que llegan al programa, me costó trabajo aceptar que yo no era diferente que todos «ellos». Participé en cuatro clases por semana y el poder del programa comenzó a filtrarse en mi vida. Empecé a tratar a mi pareja en una forma diferente y a definir cómo quería relacionarme con ella. Aprendí también que el respeto a las ideas, acciones, deseos, cuerpo, tiempo e inquietudes de mi pareja era imperativo para que fuera posible tener relaciones íntimas. Este respeto es mucho más de lo que la palabra refiere; me di cuenta de que era necesario cambiar muchas de mis formas de relacionarme con ella y con el mundo; hacer un cambio muy profundo si realmente quería aplicar lo que estaba aprendiendo. Tendría que cambiar gran parte de mi cultura y aprendizaje social, es decir, muchas de mis creencias de toda la vida.

Dedido a que mis relaciones habían sufrido por mis acciones machistas, era claro que quería intentar algo diferente; estaba abierto a escuchar sugerencias. Decidí que dignidad, equidad, democracia y apoyo eran los ingredientes que yo quería incluir en mis relaciones y así lo estoy haciendo; o mejor dicho, estoy haciendo todo lo posible.

---

[2] MANALIVE (*Men Allied Nationally Against Living in Violent Environments*) es un programa creado por Hamish Sinclair para ayudar a los hombres que desean dejar de ser violentos.

En 1990 empecé a adaptar el modelo MANALIVE al castellano y fundé el San Francisco ManAlive.[3] Desde entonces, me dediqué a aprender las sutilezas de las influencias culturales y a crear un programa apropiado a la cultura latinoamericana. En el proceso, decidí separarme de MANALIVE para hacer ajustes y modificaciones que consideré necesarios y que finalmente dieron como resultado un modelo diferente y mejor; así que en 1998 fundé POCOVI (Programa de Hombres contra la Violencia Intrafamiliar), el cual trabaja con hombres violentos, y CECEVIM (Centro de Capacitación para Erradicar la Violencia Intrafamiliar Masculina), un modelo de intervención donde damos la capacitación para formar grupos de trabajo con hombres que desean dejar de ser violentos; este último imparte cursos y talleres de capacitación en Estados Unidos y en otros países.[4]

Este libro es una extensión de este esfuerzo, y es mi contribución para que los hombres que me piden información y ayuda en diferentes ciudades y países tengan la capacitación adecuada para empezar el trabajo de detener su violencia. Es importante tener el apoyo directo de alguien que conoce las sutilezas del proceso para dejar de ser violento, pero la decisión siempre está en cada hombre, y este libro ya está en sus manos. Es mi deseo que al leerlo, usted aprenda que tiene el poder de dejar de ser violento (si lo es), o de mejorar su relación al explorar las bases de su identidad dentro del género masculino.

Si usted se está preguntando si es violento o no, puede revisar el cuestionario que se encuentra en el apéndice.

---

[3] Las siglas en inglés forman un juego de palabras que en español significa «hombre vivo».

[4] En México, CECEVIM contribuyó a la fundación de CORIAC (Colectivo de Hombres por Relaciones Igualitarias, A.C.) y continúa brindando capacitación a este grupo. En Honduras, CECEVIM dio una capacitación a nivel nacional, que tuvo como resultado grupos de trabajo para hombres violentos y cuyo modelo sigue funcionando. En Panamá se llevó a cabo la capacitación en 1998, y actualmente están intentando aplicar este modelo. En Perú, también en 1998, se realizaron diversos talleres con una respuesta favorable.

Qué es la violencia intrafamiliar

...fue con la mano abierta, tres o cuatro; y con
los puños, como dos también. Y se le inflamó, no
me acuerdo si fue el pómulo derecho o el
izquierdo. Estaba bastante inflamado al día
siguiente, y yo me preocupé bastante. Fue tan
impactante ver lo que había hecho...

José Luis

Uno de los problemas que enfrentamos en esta revisión es la definición de los términos violencia y familia. Como hombres, estamos acostumbrados a asumir que somos portadores de la verdad, así que creamos definiciones que se ajustan a nuestras conductas y sobre todo las justifican. Estas definiciones son demasiado imprecisas, cambiantes y por lo tanto de poca utilidad. Todos los hombres que acuden a los programas de atención para hombres violentos recurren a este tipo de definiciones para decir que no son violentos; por lo tanto, no creen tener un problema. Empezaremos entonces por definir ambos términos.

El diccionario de la Real Academia de la Lengua Española[1] define:

VIOLENCIA: 1. Cualidad de violento. 2. Acción y efecto de violentar o violentarse. 3. fig. Acción violenta o contra el natural modo de proceder. 4. fig. Acción de violar a una mujer.

VIOLENTAR: 1. Aplicar medios violentos a cosas o personas para vencer su resistencia. 2. Dar interpretación o sentido violento a lo dicho o escrito. 3. Entrar en una casa u otra parte contra la

---

[1] Real Academia de la Lengua Española, *Diccionario de la Lengua Española.*

voluntad de su dueño. 4. Poner a alguien en una situación violenta o hacer que se moleste o enoje. 5. Vencer uno su repugnancia a hacer alguna cosa.

VIOLENTO: 1. Que está fuera de su natural estado, situación o modo; 2. Que obra con ímpetu y fuerza. 3. Que se hace bruscamente con ímpetu o intensidad extraordinarias. 4. Por ext., dícese también de las mismas acciones. Dícese de lo que hace uno contra su gusto por ciertos respetos y consideraciones.

Debido a que aquí vamos a analizar la participación del agresor en la violencia intrafamiliar, tenemos que aclarar también lo que es agresión.

AGRESIÓN: 1. Acto de acometer a alguno para matarlo o herirlo o hacerle daño, especialmente sin justificación. 2. Acto contrario al derecho de otro.

AGRESIVO: 1. Dícese de la persona o animal que obra o tiende a obrar con agresividad. 2. Propenso a faltar al respeto, a ofender o a provocar a los demás. 3. Que implica provocación o ataque.

AGRESOR: 1. Que comete agresión. 2. Se dice de la persona que viola o quebranta el derecho de otra. 3. Aplíquese a la persona que da motivo a una querella o riña injuriando, amenazando, desafiando o provocndo a otra de cualquier manera.

Para nuestros propósitos, vamos a definir a la familia como un grupo de personas que están relacionadas por un parentesco sanguíneo, legal, religioso, sexual o cultural y que tienen un lugar común donde viven e interactúan. Debido al rápido cambio en las relaciones sociales de nuestras sociedades, esta definición es intencionalmente amplia, para incluir a las relaciones que estén fuera de los patrones de conducta definidos como normales. La violencia doméstica generalmente es cometida por hombres contra sus compañeras, hijos e hijas. Por eso vamos a hablar de la violencia del hombre contra su pareja. El maltrato infantil, aunque está relacionado con la violencia intrafamiliar, está más allá del enfoque de este libro.

Por *violencia intrafamiliar* entendemos la agresión o daño sistemático y deliberado que se comete en el hogar contra algún miembro de la familia, por alguien de la misma familia; en este caso, del hombre contra su pareja. Este daño se produce al violar o invadir los espacios de la otra persona, sin su permiso, para quitarle su poder y mantenerla desequilibrada,[2] porque el objetivo de la violencia es vencer su resistencia y obtener su subyugación, es decir, controlarla y dominarla.

La invasión de espacios es la forma en que el hombre mantiene controlada y dominada a la mujer, pues al invadir sus espacios la deja sin recursos, débil y desprotegida; ella no tiene los medios para oponer resistencia a los embates del agresor. Los espacios son el ámbito territorial que una persona necesita para sobrevivir y desarrollarse sana y plenamente. Tenemos cinco espacios: físico, emocional, intelectual, social y cultural. Mientras más espacios invade el hombre, más está ella bajo su control, porque de este modo se convierte en una marioneta que el hombre maneja con sólo mover los dedos. Por eso es necesario entender cómo funcionan los espacios y cómo los invade el hombre.

El espacio físico incluye dos partes: el cuerpo de la persona y el espacio donde desarrolla sus actividades. El espacio físico corporal abarca características individuales como su piel, movimientos, expresiones, color, estatura, sus formas de percepción, es decir, los cinco sentidos, etcétera. El segundo es el espacio donde se desarrollan las necesidades personales físicas del individuo. Incluye lugares como la vivienda; el espacio para dormir; para desarrollar trabajos; de descanso, de entretenimiento; espacios personales como baños, escritorios o camas, etcétera. Son los lugares donde la persona ejecuta tareas importantes para ella. El espacio físico es el más importante para el hombre violento, pues es aquí donde

---

[2] Equilibrio u homeostasis es la capacidad interna de autorregulación de un organismo para obtener una constancia en el medio ambiente y, por lo tanto, satisfacción. El desequilibrio es la falta de esa autorregulación interna; entonces hay insatisfacción y desgaste del organismo, al tratar de restablecerlo.

mejor puede comprobar los resultados y la eficacia de su violencia.

Por espacio intelectual entendemos las creencias, ideas y pensamientos de una persona. Es la manera en que una persona analiza y entiende sus experiencias mediante sus estructuras simbólicas, cómo percibe y procesa los hechos con su conocimiento y su experiencia, la interpretación individual que tiene del mundo. Sus ideas son impresiones simbólicas de un hecho, y su pensamiento es el medio por el cual llega a entender y crear soluciones a los hechos que percibe. Por ejemplo, si una mujer se encuentra con que tiene que salir de una relación violenta, tiene una idea de cómo va a buscar una salida; al pensar, busca y encuentra la manera de pasar a la práctica y realizar una acción que la llevará a una solución.

El espacio intelectual es un espacio muy particular del individuo y por lo tanto es sólo de esa persona. Este espacio le permite saber que es diferente a otras personas y valorarse como individuo para crear un proceso de intercambio con otros individuos. Su concepción del mundo es única. Este espacio se desarrolla mediante la experiencia particular y el aprendizaje social y cultural. Al invadir este espacio, el hombre busca anular las ideas y los pensamientos de la pareja para que ella no pueda implementar su independencia y lo consulte antes de tomar cualquier decisión. De esta forma, él mantiene el control de las actividades de ella.

El espacio emocional son los sentimientos o emociones de la persona. Es la forma de reacción interna de una persona hacia su medio ambiente y hacia sí misma. Son las experiencias individuales de cómo la persona procesa internamente su relación con el mundo externo. Cada individuo se relaciona de modo diferente con las experiencias que tiene, según la reacción emocional que esa experiencia le produzca. Por ejemplo, un acto de violencia afecta en forma muy diferente a un niño, al hombre que comete esa violencia o a la persona agredida. La mujer se sentirá emocionalmente herida; el hombre puede sentir enojo, y el niño miedo del hombre violento.

Como veremos más adelante, este espacio es el más profundo y personal. Las emociones son las que nos ayudan a entender las razones de nuestra relación con un hecho o una persona determinada. Cuando éstas se encuentran dañadas, las decisiones que tomamos pueden ser equivocadas porque no sabemos qué nos hiere y qué nos da alegría. El hombre violento busca desequilibrar las emociones de la pareja para que ella no tenga forma de entender sus razones de querer evitar la violencia en que vive. De este modo, si ella no entiende las razones para estar en esa relación violenta, se quedará y no se preguntará si le duele o no.

El espacio social es todo aquel en donde se desarrollan contactos, interacciones e intercambios entre dos o más personas. Este espacio comprende tanto a las personas cercanas como el tipo de interacciones o intercambios que alguien tiene. El espacio social es el grupo de personas con quienes se comunican y desenvuelven los individuos; por ejemplo, parientes como padres, hermanos y hermanas, tíos y tías, abuelos, primos. También personas cercanas como amigas o amigos, compadres, maestros, grupos de estudio o de recreación, vecinos y vecinas, etcétera.

Existen diferentes tipos de relaciones sociales que dependen de las características de cada una de las personas involucradas. Por ejemplo, el hombre violento puede tener dos hermanos; uno lo apoya para que siga siendo violento, mientras el otro lo apoya para dejar de serlo. Basado en estas dos perspectivas, el hombre violento va a elegir relacionarse de manera diferente con sus dos hermanos. Si el hombre violento siente respeto por el hermano que lo apoya a ser violento, va a acercarse más a él, y si siente más respeto y cercanía por el que apoya que deje de ser violento, puede promover la convivencia con él a pesar de la confrontación que experimenta, o bien evitarlo para no asumir la responsabilidad de su violencia.

El espacio cultural abarca las diversas formas de procesar la realidad, de acuerdo con parámetros establecidos por el aprendizaje que el individuo ha recibido en su grupo social, familia, grupo económico, étnico, religioso, educativo y geográfico. Podemos decir que cada familia tiene su propia cultura y ésta depende del lugar de donde proviene. Las familias que provienen del interior del país tienen una cultura específica, diferente a la de las familias de origen extranjero o que tienen mucho tiempo viviendo en la ciudad. Del mismo modo, los espacios culturales están insertados unos dentro de otros; por ejemplo, la familia está insertada dentro del barrio donde vive; el barrio está insertado dentro de la ciudad y la ciudad dentro de un país. A pesar de que las familias se relacionan entre sí y tienen lazos muy cercanos, cada una desarrolla su propia cultura. Existen familias en las que el maltrato hacia la mujer es inusual y por lo tanto lo ven como un problema inexistente. Puede haber otras familias en las que el maltrato sea algo común y lo acepten como una parte normal de su dinámica familiar. Estas dos familias podrían inclusive tener una relación geográfica y sanguínea muy cercana, pero desarrollar concepciones culturales muy diferentes del mismo hecho.

Tipos de violencia

Existen cuatro formas de invadir los espacios de una persona: violencia física, sexual, verbal y emocional.

Violencia física

La violencia física es una invasión del espacio físico de la otra persona y puede hacerse de dos maneras: una es el contacto directo con el cuerpo de la otra persona mediante golpes, empujones y jalones; jalar el cabello, forzarla a tener relaciones sexuales. Es también limitar sus movimientos de diversas formas: encerrarla, provocarle lesiones con armas de fuego o punzo-cortantes, aventarle objetos y producirle la muerte. La violencia física tiene un impacto directo en el cuerpo de la persona maltratada, aunque el espacio emocional es el más afectado, cuando la violencia no termina en muerte. De hecho, toda violencia tiene como objetivo dañar emocionalmente a la persona, porque esto la desgasta y le quita su poder de sobrevivir. Además, la violencia física también daña otros espacios de la persona maltratada. El espacio social es afectado porque la mujer se siente avergonzada por los moretones que tiene y entonces limita sus contactos sociales. Con esto, también está limitando su espacio intelectual: al no tener comunicación con alguien más, no puede procesar su experiencia con la ayuda o el apoyo necesarios.

Otra forma de violencia física consiste en realizar actos violentos alrededor de la persona. Por ejemplo, romper objetos delante de la persona, empuñar armas y disparar a su alrededor, golpear objetos como puertas o mesas, golpear o maltratar animales, patear cosas, romper vidrios, romper la televisión o sus implementos de trabajo como uniformes, destruir sus cartas o fotos, etcétera. Nuevamente, esta violencia afecta directamente el estado emocional de la mujer agredida. Cabe mencionar que la violencia física es el último recurso que el hombre utiliza. Por lo general, antes ya ha intentado controlar a su pareja de otras maneras más «sutiles», como la violencia emocional y verbal.

Violencia sexual

Esta forma de violencia es muy generalizada y se encuentra dentro del ámbito de la violencia física, aunque invade todos los espacios de la mujer. Por la severidad de esta violencia, la ponemos en una categoría diferente.

La violencia sexual se ejerce al imponerle ideas y actos sexuales a la mujer. Las ideas se imponen generalmente por medio de la violencia verbal. Es muy común que el hombre se jacte de tener muchas mujeres, de acostarse con ellas, de decir «piropos», llevar películas pornográficas y obligarla a verlas, etcétera. El hombre hace esto con el fin de menospreciar a su pareja y hacerla sentir que no vale y que no es capaz. El hombre quiere que su pareja tenga que competir por su atención y buenos tratos, es muy común que el hombre trate mejor a personas que no viven con él que a su propia pareja. Este tipo de violencia también la afecta emocionalmente, pues es una forma de castigo constante.

Otra forma de violencia sexual se realiza mediante la fuerza física, violando a la mujer. El hombre cree que por tener una relación, no importa que estén casados o no, tiene derecho a hacer sexualmente lo que quiera, cuando quiera, con ella. La violación es forzar a la otra persona a tener sexo con el hombre a pesar de la oposición de la mujer o niños y niñas. Para forzar a la mujer, o a un niño o una niña, el hombre usa diferentes formas, desde «convencer» con dinero o regalos hasta valerse de amenazas, golpes o incluso llegar a matar a su víctima si ésta opone resistencia. Generalmente, intensifica sus avances sexuales hasta que la otra persona responde aceptando lo que él quiere, aunque no esté de acuerdo. La violencia sexual se lleva también a cabo al tocar a la mujer o niños y niñas cuando ellos no desean ser tocados; penetrar a la persona con objetos, exponer su sexo a la persona que no quiere verlo, espiar a la otra persona cuando va al baño o cuando se está cambiando, etcétera.

Esta forma de violencia tiene un impacto muy profundo en la víctima, porque invade todos los espacios de la mujer violada. La violación rompe todas las defensas de la víctima y la deja totalmente desprotegida y destruye su concepto de sí misma. Esto es exactamente lo que quiere el hombre violento, romper el poder y las fronteras de la mujer.

Cabe mencionar que también existen hombres violados y generalmente el violador es otro hombre.

Violencia verbal

La violencia verbal requiere el uso de «palabras (o ruidos vocales) para afectar y dañar a la mujer, hacerla creer que está equivocada o hablar en falso de ella».[3] Existen tres formas de ejercer este tipo de violencia: cosificar, degradar y amenazar.

La forma más usual de violencia verbal consiste en amenazar a la mujer con promesas de violencia si ella intenta oponerse al hombre; por ejemplo, «si me dejas, te mato»; «atrévete»; «vas a ver cómo te va»; «ni se te ocurra», etcétera.

Otra forma de violencia verbal es degradar a la persona con frases como: «tú vales madre»; «eres una estúpida»; «mejor ni hables; sólo dices pendejadas»; «ya ven cómo es ésta»; «por favor, cómo eres exagerada»; «siempre te portas como una niña»; «no hagas el ridículo», y otras por el estilo. Este tipo de violencia disminuye el valor de la persona y le causa una gran inseguridad en sus propias habilidades y en su valor como ser humano. También existen otras formas más sutiles de degradar a la mujer, al decirle: «No te preocupes; si no te sale bien la comida, ya sé que no puedes hacer algo mejor», «no vas a poder hacerlo», «todas las mujeres son iguales», etcétera. Esta forma de violencia es muy dolorosa para la mujer porque no es muy visible pero la afecta emocionalmente y de manera muy profunda.

Cosificar es otra forma de ser verbalmente violento. Consiste en hacer sentir como un objeto sin valor a la persona, poniéndole sobrenombres o dirigiéndose a ella de manera despectiva: «Eres una puta», «tonta», «pendeja», «hija de la chingada», «te crees muy conocedora», «la señorona», «sí, ya eres la jefa, la doña».

Estas formas de agresión son muy directas, pero hay otra forma que es agresión verbal indirecta. Cuando él dice o hace ruidos que ella no escucha o no entiende. Susurrar para que ella no oiga es una forma de violencia verbal indirecta, pues aparentemente el hombre no se está dirigiendo a ella. Otras formas incluyen mentirle, cambiar de tema, hablar mal de ella con otras personas, criticarla negativamente, hacerle creer que está equivocada, hablar de ella indirectamente o bromear. Todas tienen como objetivo degradarla, quitarle su

---

[3] Evans, Patricia, *Verbally abusive relationships*, p. 73.

humanidad, menospreciarla y forzarla a aceptar la imposición de la autoridad del hombre.

La violencia verbal tiene también como objetivo restringir sus actividades y especialmente negar su propia realidad al herirla emocionalmente. «El abuso verbal es una forma de agresión que no deja evidencia como los moretones que deja la violencia física, pero puede ser igual de doloroso y la recuperación toma mucho más tiempo.»[4] El abuso verbal es una arma muy poderosa pues «el abuso verbal toma muchas formas y se encubre. El abuso verbal descarta constantemente la percepción de la pareja abusada acerca del abuso».[5]

Violencia emocional

La violencia emocional tiene como objetivo destruir los sentimientos y la autoestima de la mujer, haciéndola dudar de su propia realidad y limitando sus recursos para sobrevivir. Este tipo de violencia es tremendamente dañina, porque causa que la mujer maltratada se sienta constantemente presionada sin poder definir de dónde viene esa presión. Es una forma de tortura que mantiene a la víctima desequilibrada, pues cree ser la causa de la presión que se le impone. Cabe recordar que la violencia física y verbal también son formas de violencia emocional.

La violencia emocional se manifiesta en actos que atacan los sentimientos o las emociones de la persona. Estos actos son persistentes y muy difíciles de reconocer, pues son aún más encubiertos que la violencia verbal. Estos ataques se llevan a cabo con gran suspicacia, y en muchas ocasiones en forma supuestamente indirecta. Generalmente se hace mediante actitudes físicas que implican invalidación, crítica, juicios y descalificación. Estas actitudes son indicativas de desaprobación de la mujer. Por ejemplo, si ella está diciendo algo, el hombre mueve los ojos hacia arriba como una forma

---

[4] Evans, Patricia, *Op. Cit.*, p. 11
[5] Evans, Patricia, *Op. Cit.*, p. 17.

QUÉ ES LA VIOLENCIA INTRAFAMILIAR ❖ 11

de crítica y de descalificación; si ella está hablando de una idea que es importante para ella, él se muestra aburrido; cuando se enoja con ella, para castigarla agacha la cabeza y deja de comunicarse con ella (esto lo hace para ponerse como la víctima), entre otras actitudes.

Cuando el hombre hiere a su pareja emocionalmente, ella sufre en tres formas: en primer lugar, la persona que está más cerca a ella y a quien se supone que debería tenerle más confianza, es la persona que la está destruyendo. Ella no entiende cómo es que el hombre es capaz de tratarla así; él parece haber cambiado radicalmente, a tal grado que ella no puede reconocerlo. De esta forma, tampoco se reconoce a sí misma en esta relación violenta. En segundo lugar, las heridas emocionales que el hombre le causa obligan a la mujer a invertir mucho tiempo y energía tratando de sanar esas heridas y por lo tanto la dejan vulnerable ante él. Por último, con este tipo de violencia la obliga a pensar que su realidad no existe y entonces duda constantemente de sus capacidades y su percepción. La mujer termina por creer que los insultos del hombre están justificados y busca la forma de resolver esas «fallas».

Estos impactos son calculados y deseados por el hombre. Cuando el hombre invade el espacio emocional de su pareja, evita que ella organice sus espacios y la obliga a depender de él. El espacio emocional es el más importante porque es el que ayuda a poner en perspectiva y coordinación a los otros. De nada le sirve a la mujer tener un amplio espacio social si esas relaciones carecen de contenido emocional. Por otro lado, si hay personas que le infunden temor y su espacio emocional no está integrado, ella no evitará ese espacio que le puede causar daño. También puede tener un espacio físico muy cómodo, pero si tiene recuerdos dolorosos y no puede procesarlos, ese espacio le resultará incómodo. En el espacio físico, si la mujer se acostumbra a vivir con el dolor que su compañero le causa, ya sea con golpes, insultos, cansancio, mala alimentación y otras circunstancias, no intentará terminar con esa situación y, de hecho, aceptará más fácilmente

la agresión. Es por esto que el hombre violento constantemente invade los espacios de su pareja, para que ella pierda
la perspectiva y se deje controlar. A pesar de que la violencia
ocurre aparentemente muy rápido, el hombre siempre persi-
gue estos impactos, pues si no obtuviera un beneficio de su
violencia no sería violento.

Algunos ejemplos de violencia emocional son los siguientes:

❖ Evitar que tenga contactos sociales, mediante argumentos
como: «tu hermana no me quiere, sólo te mete ideas contra
mí»; o haciéndose pasar por víctima.
❖ Descartar sus ideas; por ejemplo, si ella aportó un pensamiento para hacer algo, él lo desecha inmediatamente y le
dice: «discúlpame, pero tú no sabes nada de esto».
❖ Atacar sus creencias; por ejemplo, si ella quiere ir a un
grupo de apoyo de mujeres, la critica y califica su propósito como una pérdida de tiempo.
❖ Criticar su realidad y negar la validez de su experiencia: si
su compañera ve algo que la entusiasma, él la ataca diciendo: «¿te gusta esa porquería?»
❖ Realizar acciones que la invaliden, como: caminar rápido y
dejarla atrás; ignorarla cuando está tratando de acercarse
físicamente; dejar que sea ella la que realice sola todo el
trabajo de la casa sin asumir la responsabilidad que le corresponde; tener otra mujer y engañarla.

La forma más impactante de violencia emocional a que recurre el hombre es esperar a que su pareja gaste sus recursos,
mientras que él no asume ninguna responsabilidad. Por ejemplo, si tienen un compromiso social, espera a que ella le
avise con tiempo para arreglarse; deja que ella sola arregle a
los niños y les dé de comer; después, si se les hace tarde, la
culpa a ella y cuando llegan a la reunión espera a que sea
ella quien explique por qué llegaron tarde, etcétera.

Su ausencia como pareja es la parte que para ella resulta
emocionalmente más dolorosa, pues espera que él cambie y
mientras más trata de entender y de apoyarlo para participar
de manera cooperativa, él se aleja más de ella. Sus intentos
por relacionarse con él le aseguran al hombre que él está en

el centro de su vida y, por lo tanto, que sus estrategias para desorganizarla y desvalorizarla están funcionando. El hombre violento siempre busca como pareja a una mujer que acepte sus condiciones sin refutarlas, y dirá que se llevan bien porque ella «lo entiende». Lo que cubre es que en realidad a él no le interesa entenderla y apoyarla. Para el hombre violento, lo único importante es que ella esté dispuesta a «dar todo por él», de aquí la admiración general hacia la «mujer abnegada».

Por lo general, estas cuatro formas de violencia son empleadas en forma progresiva. La violencia emocional desequilibra a la persona; empieza a dudar de su habilidad para procesar la información que recibe y por lo tanto la deja expuesta a ser controlada. Este tipo de violencia funciona al imponer las ideas de una persona sobre la otra. Si la persona rehúsa dejarse controlar por medios supuestamente sutiles, el agresor avanza y comienza a utilizar métodos más claros, como la violencia verbal. Si aun así la persona no se deja controlar y se opone abiertamente, entonces el agresor utiliza el último recurso: la violencia física.

El hombre invierte una gran cantidad de tiempo y energía invadiendo los espacios de su pareja como si fueran suyos. La idea es que mientras más invada los espacios de ella, su pareja tenga menos capacidad de actuar para generar cambios y tomar sus propias decisiones. Al tener invadidos sus espacios, ella no puede coordinarlos y esto provoca que su análisis de las situaciones sea incompleto y se sienta desequilibrada. Cabe insistir en que estas invasiones son cuidadosamente calculadas por el agresor para causar el daño suficiente y así mantener a la mujer predispuesta a ser controlada.

Entrevista a José Luis (fragmento)

La más impactante fue cuando estábamos en el estado de México. Saliendo yo del trabajo, y fue bastante, bastante cruel porque llegué todavía exigiendo de cenar aunque yo había llegado tarde (violencia emocional). Yo salí del trabajo y llegué como a las diez y media o las once de la noche. Y ya estaban dormidos, ella y los dos niños en ese entonces. Le reclamé algo que me disgustó en días anteriores (violencia verbal), que me había guardado. Me dijo que no era el momento adecuado, que no era la manera. Y yo descontrolado, le di como... fue con la mano abierta, tres o cuatro y con los puños como dos también (violencia física). Y se le inflamó; no me acuerdo si fue el pómulo derecho o el izquierdo. Estaba bastante inflamado al día siguiente y yo me preocupé bastante. Fue tan... impactante ver lo que había hecho. Estaba una vecina y sugirió ponerle un bistec, papas o cosas así y la inflamación siempre le duró bastante tiempo, más de una semana.

Le reclamé algo que no tenía importancia y era de tiempo atrás, no sé si era tocante a comida o a ropa; no me acuerdo bien exactamente, pero era algo que no venía al caso. Quería más que nada molestarla, sinceramente. Como llamarle la atención. Todo porque yo no me sentía bien con mi persona o algo así. Exteriorizar algo que no valía la pena.

En otra ocasión, le dije: «ya llegué»; «sí, ya te oí», me dijo. «¿Qué hay de cenar?», pregunté y ella respondió «orita te doy». Entonces se levantó y quiso calentar la cena pero en eso vino mi reacción, por cosas del pasado. No me acuerdo exactamente. Era algo insignificante.

Lo que me contestaba lo tomaba todo a mal. Que ella no hacía las cosas por herirme o por ofenderme, que se le olvidó. Pero no por quererme afectar. Y yo ignorándola una y otra vez, como era mi costumbre. Y eso fue bastante error mío, yo jamás escuchaba.

Ella estaba en la cocina. Yo estaba en el sillón, me acerco a la cocina, junto a ella y cuando me decía «yo no lo hago por lastimarte o por ofenderte, sin ninguna ...» o así algo por el estilo. Y yo le reclamaba: «¿entonces por qué lo haces?», y en el momento en que me sirve el... en el pasado, otra de las cosas que yo tenía, cuando tenía la comida ahí, en lugar de sentarme y comer o agradecer, puf, la aventaba. Y fue cuando empezó la mayor parte de los roces con ella. Esa noche no sé si tiré el plato, no sé si lo tiré al suelo o nomás lo aventé así y ella me dijo: «¿por qué lo haces, si me pediste de cenar?» y fue cuando la golpeé.

Me detuve cuando sentí que le pegué con los puños, pues fueron golpes muy fuertes. En el momento del último que le di, que sentí que fue bastante fuerte, fue cuando... no cayó, sino que se hizo para atrás, pero allí fue donde yo sentí que estaba bastante fuerte ese golpe y fue el que le afectó. Y lo que hice fue detenerme y entonces ella gritó y vino la vecina. Yo me retiré y me sentí... pero ya lo había hecho.

A continuación le presentaremos el primer ejercicio. Todos requieren, ante todo, que sea muy honesto consigo mismo al responder las preguntas. No tiene que mostrárselas a nadie; el objetivo es ayudarle en su proceso de autoexploración.

Ejercicio 1

Tome como guía las preguntas del apéndice, y haga una reflexión sobre su violencia. Haga una lista de sus actos de violencia emocional, verbal, física y sexual. Primero piense cómo se relaciona con su pareja, después con sus hijos e hijas, y finalmente con otras personas a su alrededor.

Violencia emocional:
  1. ¿Cómo hiero las emociones de mi pareja?
  2. ¿Cada cuándo?

Violencia verbal:
  3. ¿Cómo uso las palabras o los sonidos para herir a mi pareja?
  4. ¿Cada cuándo la llamo con nombres groseros?
  5. ¿Cada cuándo la menosprecio o critico lo que hace?
  6. ¿Cada cuándo la amenazo en cualquier forma?

Violencia física:
  7. ¿Cómo hiero a mi pareja con mi cuerpo?
  8. ¿Cómo hiero a mi pareja siendo violento cerca de ella?

9. ¿Cada cuándo hago contacto físico con ella en una forma agresiva?

Violencia sexual:

10. ¿Cómo hiero a mi pareja usando aspectos sexuales?
11. ¿Cada cuándo hago contacto sexual con mi pareja de manera inapropiada?

Causas de la violencia intrafamiliar

*... Conmigo llegó una flor abierta, bonita,
rozagante y yo la devolví muerta. Le maté su
frescura. La volví nada.*

Juan Alberto

Es importante esclarecer por qué los hombres somos violentos con nuestras parejas. Esta pregunta nos guiará en la construcción de programas de tratamiento, poque le permite al hombre tener un punto de partida para dejar de ser violento o evitar ser violento y también provee a la mujer con una perspectiva para decidir qué tipo de relación desea. Existen varias explicaciones de por qué el hombre es violento en el hogar, que podemos dividir en tres: biológica, psicológica y la perspectiva de género. Cabe decir que existe otra explicación a la que llamo teológica. Considero esta perspectiva como una forma cultural, de modo que la trataré dentro de la perspectiva de género.

La interpretación biológica

Para empezar, podemos definir la violencia desde una explicación biológica, como una respuesta de supervivencia de un individuo u organismo a su medio ambiente. El medio ambiente está lleno de peligros naturales como el hambre, sed, picaduras de insectos y animales ponzoñosos o ataques de perros, lobos y otros. Para poder sobrevivir a estos eventos naturales, en muchas ocasiones es necesario actuar de manera violenta; por ejemplo, para satisfacer el hambre una persona puede matar a un animal y comérselo. Esta violencia es parte de la cadena de supervivencia y por lo tanto, en este contexto, es válida. Esta idea es importante porque nos ayuda a entender las razones por las que una persona *cree* que tiene que ser violenta con otra.

Para definir la violencia intrafamiliar desde esta interpretación, diversos profesionistas afirman que la violencia es parte de la estructura biológica del hombre. Esta postura supone que, para sobrevivir, el hombre ha tenido que ser violento y por lo tanto desarrollar su agresividad. De esta forma, se cree que el hombre es violento porque está genéticamente propenso a serlo, pues es mediante esta violencia como ha podido sobrevivir. Se dice que el hombre, comparado con la mujer, es naturalmente más agresivo sólo por tener más fuerza física y tener el papel de protector. Así, cuando se encuentra en situaciones de presión, es «natural» que el hombre responda en forma agresiva y violenta. Quienes defienden esta postura, citan ejemplos de diversas especies animales en las que los machos son más agresivos que las hembras; pero al tomar este ejemplo no toman en cuenta que el ser humano es una construcción cultural y social. Esta explicación hace a un lado el hecho de que los humanos estamos más alejados de nuestra naturaleza biológica que de la social, y que, de hecho, los procesos cognoscitivos y sociales están más evolucionados que los biológicos. Esta explicación asume que «como en el cuerpo de las mujeres se realiza la parte más notable de la reproducción biológica de los seres humanos porque así lo impone la naturaleza, se cree y se establece como norma de vida que la reproducción cotidiana de la vida humana es también imposición natural».[1] De este modo, las mujeres terminan siendo parte de la naturaleza a la que se debe de controlar y el hombre el modelo al que pueden aspirar las mujeres, porque los hombres han sobrepasado lo natural y se acercan a la perfección.

---

[1] Cazés, Daniel, *La perspectiva de género*, p. 13.

Sin embargo, esta interpretación no aclara por qué el hombre es violento en el hogar, pues existen también muchos hombres que no son violentos, aunque sean mucho más fuertes físicamente que su pareja u otros hombres. Mucho menos explica por qué existen mujeres que son violentas con sus compañeros, ni por qué en las relaciones homosexuales también existe la violencia entre los o las compañeras. Tampoco toma en cuenta que entre los animales el macho no destruye a su pareja o a los de su misma especie como lo hacemos los humanos. Hoy en día, nosotros mismos, los humanos, somos el animal más peligroso para nuestra especie; esto no tiene sentido, visto desde los procesos biológicos; sobre todo, comparado con los de otras especies.

Es claro que la violencia es selectiva: cuando el hombre violento se encuentra con una persona más fuerte que él, decide evitar el choque. Si la violencia está predispuesta genéticamente, automáticamente podríamos sugerir que, aunque la otra persona fuera de mayor tamaño o de mayor fuerza, esto no tendría influencia en cuándo, cómo y contra quién se comete esta violencia. La violencia en el hogar es selectiva y va dirigida hacia quien tiene menos poder físico y especialmente social.

La interpretación psicológica

La segunda interpretación de la violencia del hombre hacia la mujer en el hogar, asume que el hombre violento tiene un problema psicológico o psiquiátrico y por eso es violento. Muchos terapeutas trabajaron y aún trabajan con hombres, basados en esta explicación. Las explicaciones psicológicas más comunes dicen que el hombre sufre de una disfunción psicológica que lo hace sentir vulnerable, inseguro y con baja autoestima, por lo cual tiene que sobrecompensar mediante la violencia, al enfrentarse con su pareja, para afirmarse un valor. En muchas ocasiones, los terapeutas buscan la explicación a esta inseguridad en su infancia y en los problemas que vivió al crecer. Asumen que, porque vio violencia en su hogar, él mismo será violento. Suponen que al resolver su enfermedad psicológica, el hombre dejará de ser violento, pues la causa de sus reacciones agresivas será resuelta. Al obtener autoestima, no tendrá razón para ser violento con su pareja, pues si se siente seguro de ser quien es y de su valor, las acciones de su pareja no lo afectarán tanto. En la mayoría de los casos, cuando tratan los problemas psicológicos del hombre, los terapeutas suelen hacer a un lado el tema de su violencia para investigar sus procesos internos, como si lo importante fuera esto y no detener la violencia que el hombre comete. Es muy fácil culpar a su infancia o a la presión psicológica a la que está sometido, asumiendo que su conducta violenta es sólo el resultado de la influencia de su historia y que él es una parte pasiva en el proceso. Si el hombre se siente vulnerable y con baja autoestima, la pregunta debería ser: ¿por qué se siente así? En lugar de tratar de encontrar un desajuste interno, sería mejor buscar un desajuste externo en el que el individuo se mide con otras personas y esto ubica el problema en los espacios social y cultural.

También se ha explicado la conducta de los hombres violentos como una expresión de su enojo o ira. De hecho, se ha creado una forma de tratamiento en la que se le permite al hombre «sacar» su enojo golpeando almohadas y gritando, para entender y expresar adecuadamente esa emoción. Este tipo de tratamiento se conoce como «Control de la ira», y el inconveniente que presenta es que tampoco aclara por qué el hombre es violento, pues todas las personas se enojan y llegan a la ira muchas veces al día, pero no necesariamente son violentas. Esta teoría supone que el hombre tiene que aprender a expresar la ira adecuadamente. Asume que el hombre toma decisiones erróneas al ser violento por causa de la ira, pero entonces ¿por qué la violencia del hombre es calculada y llevada a cabo en tal forma que causa un daño a determinado nivel y no destruye totalmente? Se supondría que al «perder el control» por su enojo o ira, el hombre no podría medir el daño que su violencia puede causar. Este enfoque ve al hombre como una entidad pasiva en el proceso de violencia, lo cual no le permite dejar de ser violento.

Otra explicación de la psicología es la Teoría de sistemas. Ésta supone que la pareja es la que está dañada, no sólo el hombre. Trata de esclarecer de qué manera ambas partes de la pareja participan como responsables de la violencia que existe. Esta interpretación ve a la pareja como un sistema que tiene cierto equilibrio, y cuando éste se rompe por influencia de una o ambas partes, surge el potencial para la violencia. Sugiere que ambas personas tienen que aprender a participar para restablecer el equilibrio del sistema.

Sin embargo, esta explicación tiene varios problemas: en primer lugar, ese sistema familiar forma parte de una estructura social jerárquica y por lo tanto de inequidad. Espera que ambos miembros de la pareja tomen papeles preestablecidos de sumisión o dominio. Segundo, asume que la constelación familiar es única y universal, que la forma de ser en una relación es siempre en dúos y heterosexual. El tercer punto es que tampoco toma en cuenta que cada una de las partes de la pareja tiene sus propios procesos y toma sus propias decisiones independientemente de la otra persona; por lo tanto, la decisión de ser o no violento es un proceso personal. Cuarto: al haber violencia en una pareja, es casi imposible restaurar un punto medio de negociación, porque la persona violentada no puede tener la seguridad de no ser castigada por sus opiniones, especialmente si éstas se oponen a las de la otra persona. Nuevamente, esta interpretación no nos da una respuesta satisfactoria de por qué el hombre es violento con su pareja.

Otra explicación paralela es la psiquiátrica. Esta interpretación sugiere que el hombre tiene una enfermedad mental grave y por eso es violento con su pareja; sugiere que el hombre está tan dañado, que vive fuera de la realidad. Sus formas de razonamiento están fuera de las normas sociales y por lo tanto se creería que es un psicópata o sociópata. Esta explicación se usa especialmente cuando la violencia del hombre llega a niveles «impensables»; por ejemplo, cuando el hombre ataca a la mujer con un objeto punzocortante y le amputa un miembro. Se cree que los hombres que no tienen un problema psiquiátrico no llegarían a este nivel de violencia y por lo tanto los que cometen estos actos de violencia extrema tienen un problema psiquiátrico grave. Podemos decir que sí hay casos en los que el hombre tiene un problema psiquiátrico y por eso es violento con su pareja, pero son verdaderamente raros en comparación con el número de casos en los que no existe una enfermedad psiquiátrica.

Si es verdad que la violencia del hombre es causada por una enfermedad mental, ¿por qué su violencia es selectiva? Los hombres que son violentos en su hogar con sus parejas, no son necesariamente violentos en la misma forma en su trabajo, con sus amigos de futbol o con otros miembros de su familia. Si el hombre realmente tuviera una enfermedad mental que «justificara» su violencia, esta última no sería selectiva; el hombre sería violento en muchas situaciones.

Este argumento tampoco explica cómo y por qué los hombres que tienen posiciones de poder, un alto grado académico y suficientes ingresos económicos son violentos. Muchos ejecutivos, médicos, políticos, actores, boxeadores y diferentes profesionistas son violentos con sus parejas; y es obvio que no podrían llegar a estas posiciones si no tuvieran una alta autoestima que les permitiera desarrollarse a tales niveles. ¿Por qué estos hombres que interactúan sin violencia en algunos niveles de su vida, son violentos en sus hogares con las personas con quienes decidieron vivir? La explicación psicológica se queda corta al tratar de contestar a esta pregunta.

La interpretación de la perspectiva de género

La historia de la humanidad está llena de ejemplos que dividen a la raza humana en dos opuestos: mujeres-hombres, ricos-pobres, altos-bajos, jefes-trabajadores, blancos-negros, etcétera. De hecho, antes de que existiera una división entre razas o clases, existió una división entre géneros. Se ha creado una división artificial en la que se cree que los hombres y las mujeres son diferentes. Dado que los hombres son los que han establecido las leyes y reglas en nuestras sociedades, éstas precisamente están basadas en mantener las diferencias entre los sexos. El motivo de dividir la sociedad en esta forma es obligar a las mujeres a que sean las que aporten sus recursos para ser usados por los hombres. Por ello, casi desde el principio de la humanidad se ha asumido la superioridad del hombre sobre la mujer, y para mantener esa superioridad y dominio es imperante hacer uso de la violencia.

La explicación de género dice que la violencia en el hogar tiene objetivos muy específicos que no necesariamente tienen que ver con la supervivencia del individuo. Cuando el hombre es violento con su pareja, su objetivo es tenerla bajo control para obtener beneficios al disponer de los recursos de ella. Dicho de otro modo, la violencia en el hogar es una forma de imponer la esclavitud de una persona para que le sirva a otra.

Partiendo de este concepto, los hombres se han convertido en cuidadores y promotores de esa presunta superioridad sobre las mujeres. Para mantener esta dinámica social, necesitan una forma de control social; ésta es la violencia doméstica. Cuando un hombre mantiene a una mujer desequilibrada, sin alternativas, desprovista de recursos económicos o intelectuales, desprovista de sus propias capacidades para satisfacerse a sí misma y tomar decisiones; cansada, exhausta de cuidar a toda la familia, lo que hace es preservar el modelo que conocemos como patriarcado.

«El patriarcado es un orden social genérico de poder, basado en un modo de dominación cuyo paradigma es el hombre. Este orden asegura la supremacía de los hombres y lo masculino sobre la inferiorización previa de las mujeres y de lo femenino. Es, asimismo, un orden de dominio de unos hombres sobre otros y de enajenación entre las mujeres.»[2]

---

[2] Lagarde, Marcela, *Género y feminismo*, p. 52.

El patriarcado es entonces un sistema de relaciones sociales que usa a los individuos para imponer el control sobre sí mismos y sobre otros para usar sus recursos y reforzar el dominio del superior: el patriarca. Por esto es importante entender a la violencia doméstica o intrafamiliar como un problema de control social de un grupo sobre otro, de los hombres sobre las mujeres.

Esta visión explica mejor por qué un hombre es violento con su pareja. Cada hombre, desde muy pequeño, aprende que hay dos posiciones sociales; en una están los que dan órdenes y son servidos (por ejemplo, cuando llegan a la casa se les trata como reyes y son vistos con admiración y respeto). Se les ve lejanos y libres porque salen a buscar la supervivencia de la familia y por lo tanto son los jefes, los que merecen el crédito por todo lo que hacen y tienen necesidad de descansar y divertirse en formas diferentes del resto de la familia. Son los seres grandes y seguros que llevan las riendas de la familia y los guías que lo saben todo. Son los que dan permisos y castigos cuando es necesario.

La otra posición es donde están las inferiores; las que son comunes; las que sirven; las que sólo aceptan órdenes y castigos, y son vistas sólo como algo que se puede desechar fácilmente puesto que sólo reciben del hombre y no aportan. Son las que tienen poder en el hogar hasta que llega el otro, el hombre. Tienen que actuar para satisfacer cada necesidad del hombre; pueden y deben ser castigadas si quieren salirse de ese papel. Son remplazables, porque siempre habrá otra más «joven y bella» que quiera encontrar un hombre a quien servirle, piensa el hombre. Son severamente castigadas si se les ocurre aspirar a las mismas capacidades y derechos del hombre-jefe.

Cada hombre es entrenado desde muy pequeño para ser el hombre-dueño-jefe-padre que tomará algún día el papel que su padre lleva mientras él es niño. A los pocos años de edad se encuentra en una situación de tener que decidir si quiere aliarse con los que dirigen o con las que son dirigidas y, dadas las circunstancias, la respuesta es lógica. Al niño no se le dan alternativas, y cuando llega a relacionarse con otras personas, especialmente del otro sexo, lo hace desde esa posición dicotómica en que dirige o es dirigido. Esta decisión está basada no solamente en su aprendizaje de lo que se supone que debe de ser un hombre, sino en su propia experiencia de haber sobrevivido él mismo al hombre-dueño-jefe-padre en su propia vida.

Al identificarse como el «hombre-dueño-jefe-padre», suprime su verdadera identidad y la cambia por una aparente superioridad. Esta imagen externa es lo que conocemos como masculinidad o machismo. Dentro de esta masculinidad, la promesa de ser superior en el hogar también requiere que, quien no lo cumpla, sea castigado por romper las reglas del patriarcado. Al intercambiar su verdadera identidad, suprime su habilidad de conocerse tal como es y basa su identidad en la creencia de que es superior en su hogar. Al creerse superior, por definición va a ser violento para imponerse y mantenerse como dominante. De aquí viene la violencia del hombre en el hogar. Para mantener una posición de superioridad, es necesario ser violento porque nadie quiere ser inferior y las personas a las que pretende dominar se van a revelar a esta condición. Cuando esto ocurre, el hombre cree que está justificado usar la violencia para imponerse.

Pautas para entender la relación entre masculinidad y violencia

La mayoría de los actos violentos son ejecutados por hombres. Existe una clara conexión entre el género de la persona violenta y su violencia, es decir, las características de la masculinidad están directamente relacionadas con el potencial de violencia del individuo. Por esto es necesario analizar qué es la masculinidad.

De acuerdo con Gilmore, la masculinidad es «la forma aprobada de ser un hombre adulto en una determinada sociedad».

El concepto de masculinidad en nuestras sociedades dicta que el hombre adquiera ciertas características para «ser hombre». La masculinidad espera que el hombre «construya»[3] su masculinidad o identidad de «hombre». Es interesante notar que la identidad masculina es tan frágil que «es un premio por el que se tiene que luchar» y las sociedades crean una imagen de la masculinidad que es elusiva o excluyente porque requiere una aprobación mediante aspectos culturales, rituales o pruebas de habilidad y fortaleza».[4] Dos factores muy importantes para obtener esta aprobación son la diferenciación y la identificación. La diferenciación es un punto clave para el desarrollo de la masculinidad, pues el hombre aprende desde pequeño a «ser diferente» de la persona con quien más contacto tiene: su madre. Esta diferenciación sucede al alejarse de las características que ve en su madre. El pequeño se aleja de las conductas que son satisfactorias, sensibles, emocionales, cooperativas, expresivas y delicadas. Por otro lado, se identifica con un modelo masculino y adopta las características masculinas de competencia, desconfianza, alejamiento, rudeza, individualismo, egoísmo y dominio.

Esta forma aprobada de «ser hombre» en nuestra sociedad conlleva también una forma de relaciones sociales. «La cuestión de género es una forma de ordenar la práctica social»;[5] según Connell, esta forma de ordenamiento de la práctica social es muy clara en la violencia intrafamiliar: el hombre se asume como superior a la mujer, y por lo tanto tiene que controlarla mediante la violencia.

Vamos a analizar cuáles son las expectativas de la masculinidad y cómo maneja el hombre violento estas expectativas en cada uno de sus espacios, para sentar las bases de explicación de la violencia del hombre hacia su pareja.

---

[3] Badinter, Elisabeth, *XY. La identidad masculina,* p. 18.
[4] Gilmore, David, *Manhood in the making,* p. 1.
[5] Connell, Robert W., *Masculinities,* p. 71.

El espacio intelectual y la masculinidad

El espacio intelectual es aquel donde se generan ideas para entender lo que está sucediendo, mediante estructuras simbólicas basadas en definiciones de las causas de un hecho, con la utilización de conceptos conocidos. Por sí solas, las estructuras intelectuales no tienen la validez necesaria para entender estos hechos, pues se requiere que estos conceptos estén en interacción con los espacios emocionales, físicos, sociales y culturales.

Desde pequeño se le enseña al hombre a no poner atención a sus procesos emocionales, supuestamente, porque obstaculizan una forma clara de pensar. Le hacen creer que el pensamiento por sí solo es la única forma de entender los hechos. El problema es que *entender* un hecho es muy diferente de *procesar* ese hecho. Entender algo intelectualmente no garantiza que seamos capaces de generar una solución adecuada, cuando sea necesario. Para lograrlo, habremos de considerar los cinco espacios de la persona para que esa solución abarque todos los parámetros posibles.

El espacio intelectual es el más importante para la masculinidad y el hombre violento, porque es ahí donde realmente es el jefe, el superior y el que ordena. No hay alguien en el mundo que le pueda demostrar al «hombre-superior» que lo que piensa es erróneo. Se le pueden dar pruebas empíricas y, sin embargo, el hombre que ha decidido definir un hecho a su manera no podrá ser convencido de otra forma de ver las cosas. Especialmente, cuando el hecho del que se habla es subjetivo (y su identidad de ser superior es absolutamente subjetiva). Como ha aprendido a creer que es superior a la naturaleza, automáticamente cree que es más inteligente, sagaz, creativo, poderoso, rápido, sarcástico y que sus definiciones son las únicas válidas. Cree que sus ideas son las más apropiadas y superiores a las de los demás. Aunque reciba pruebas empíricas, puede controlarse para probarse a sí mismo que lo que está observando es incorrecto y lo que él piensa es correcto o verdadero. De aquí surge la violencia emocional con otras personas y consigo mismo.

Su concepto de superioridad existe solamente en su pensamiento y allí mismo puede justificarlo. Es por eso que para el hombre violento es tan importante que los demás acepten siempre su punto de vista como el único válido y acertado. Es fácil para el hombre justificar sus actos violentos dentro de su marco de análisis, porque en primer lugar usa su propia lógica con sus propias bases, y este análisis no puede ser comprobado o cambiado por otra persona.

Cuando el hombre se da cuenta de que no es superior, busca un argumento para explicarse qué fue lo que lo hizo flaquear, y en todo caso se dice a sí mismo que realmente no quería ser el ganador en esa situación. Se crea un ciclo tautológico en el que su mismo pensamiento refuerza sus creencias de estar siempre en lo correcto.

El lenguaje es también una manera de comprobar su superioridad. Todas las groserías están encaminadas a sobajar a la otra persona y mantener al que las dice por arriba de los demás. En el lenguaje común podemos observar este aspecto. En México, es muy común llamar al otro «hijo», con la idea de que si el otro es su hijo, obviamente el que lo llama así tuvo relaciones sexuales con su madre.

Existe también un juego de palabras en donde el objetivo es disminuir al otro o colocarlo en una posición de «mujer» para ganar; en México se conoce como «albur». Cualquier palabra puede tener una connotación sexual, y el que tiene la última palabra es quien gana. La idea es que el otro no pueda contestar a lo que se le dice. Las dos claves son: uno de los hombres termina probando que puede tener sexo con el otro como si éste fuera una mujer que además no pudiera evitar la agresión sexual que éste le impone. Es una forma de violación sexual-intelectual de la otra persona. Al jugar, el hombre se asegura intelectualmente de que es superior. Es por esto que para él, su identidad sexual es muy importante porque la confunde con su identidad de ser humano. Para él, ser humano significa ser sexual, y ser sexual garantiza su posición superior.

El espacio intelectual es el mediador entre sus espacios. Puede manejar sus espacios intelectual, social y cultural con su pensamiento, mientras que sus espacios físico y emocional sólo los controla reprimiéndolos.

En términos de pareja, debido a que el hombre violento cree estar siempre en lo correcto, exige que ella apoye incondicionalmente su forma de pensar. Para lograrlo, crea una guerra intelectual en la que su pareja tiene que perder o afirmar que él tiene razón. Ella debe renunciar a su propia forma de pensar, porque ahora está en una relación con él, que es su dueño y por lo tanto también es dueño de sus pensamientos.

El espacio físico y la masculinidad

El espacio físico es también fundamental para la masculinidad y para el hombre violento, porque es allí donde se comprueba a sí mismo que es superior; es cuando cree obtener una prueba empírica. El hombre compara su fuerza física con la de las mujeres y la mayoría de las veces resulta ser el más fuerte, lo que toma como evidencia irrefutable de que es superior en todos los aspectos.

Para mantener esta superioridad física se controla a sí mismo y toma actitudes que, según él, comprueban su superioridad. Al caminar extiende los brazos para parecer más grande y más fuerte; generalmente camina rápido, a la vez que se muestra serio y con la frente fruncida; también se abre la camisa porque cree que se ve «sexy». Cuando una mujer pasa junto a él, le dice cosas para dejar claro que está dispuesto a conquistarla y comprobar su potencia sexual.

Los deportes son muy importantes para el hombre porque establecen una competencia para reforzar su identidad superior, al ganarle a otros. Este espacio físico también es controlado por su actividad intelectual: si hace ejercicio se siente fuerte y «más hombre». Si juega futbol soccer o americano, raquetbol o basquetbol, espera que las mujeres lo vean con admiración por la hazaña de lanzarse contra el enemigo, o por sus habilidades en la pequeña cancha de raquetbol, por ejemplo.

En el hogar, comprueba su superioridad al usar la fuerza física sobre su pareja. En este caso, cree tener una prueba irrefutable de su superioridad. Toma el espacio físico como si él fuera el único que está presente; si está cansado, se acuesta y espera que su pareja y sus hijos e hijas se adapten a sus necesidades. Generalmente toma los lugares más cómodos enfrente de la televisión o en la cabecera de la mesa donde nadie lo moleste. Cuando hay otras personas, actúa como si fuera muy benevolente con su pareja, pero no lo hace para apoyarla sino para demostrar que es más fuerte físicamente. Al dejarla sentar en el autobús o cederle el lugar más cómodo si están en un restaurante, tampoco lo hace para apoyar a su pareja, sino para que ella lleve a los niños sobre sus piernas, con el pretexto de que ella está aparentemente más cómoda; así trata de convencerla de que él es más fuerte (ya que es el que va de pie y soporta los bruscos movimientos del vehículo), pues ella «se cansa muy rápido» y él tiene que protegerla de otros hombres, porque ella es de su propiedad.

El espacio emocional y la masculinidad

El espacio emocional está formado por sentimientos o emociones propias de cada persona. Es su forma singular de reacción interna hacia su medio ambiente y hacia sí misma. Son los sentimientos y expresiones de una persona respecto de sí misma o de otras personas y situaciones. El espacio emocional es la forma individual de procesar internamente su relación con el mundo externo e interno. Cada individuo procesa de modo diferente sus experiencias, según el efecto emocional que éstas tengan en él.

El espacio emocional es el menos desarrollado en el hombre. Lo ve con recelo porque las emociones lo hacen sentir vulnerable, pues se requiere flexibilidad para procesarlas. Una característica de la masculinidad es la falta de flexibilidad, porque cree que al ser inflexible se va a mantener en un estado de control total de sí mismo. Por lo tanto, el hombre evita este nivel de acción emocional y lo reprime lo más posible. Al reprimir este nivel emocional, se quita su propia individualidad para ajustarse al parámetro social que le indica cómo mantener esta condición de superioridad.

Las emociones son la base de la individualidad, pues cada experiencia es procesada emocionalmente en una forma muy diferente, de acuerdo con las experiencias internas de cada persona. La forma de percibir la violencia resulta muy diferente para una persona que creció en una familia violenta, que para otra que creció sin violencia.

Sabemos que la identidad del hombre-superior es una construcción externa que se impone mediante la coacción y el control. Como vimos, cuando el hombre trata de llenar un estereotipo impuesto desde el exterior, anula sus habilidades de supervivencia y cree que sólo podrá sobrevivir ajustándose al patrón social de superioridad que le enseñaron. Desecha sus procesos internos de supervivencia porque los considera como algo que sólo le interesa a las mujeres; que no valen la pena porque son superficiales y no les corresponde a los hombres trabajar en ellos. Traslada su supervivencia interna a las expectativas externas de ser superior a su mujer, hijos e hijas y a todas las demás personas. Confunde sus emociones con las expectativas que le marca su grupo social, es decir, con los afectos. Los afectos son creados social y culturalmente y, por lo tanto, pueden ser modificados. Por ejemplo, aprendemos a tenerle afecto a un pariente. Los afectos son aprendidos, mientras que las emociones son respuestas instintivas que ayudan a la supervivencia del individuo. Si un individuo ve que un perro se acerca rápido y su expresión es feroz, le da miedo y esta emoción le ayuda a moverse para protegerse y defenderse.

Cuando un hombre confunde sus afectos, o sea las expectativas sociales y culturales, con sus necesidades, esto lo pone en una situación de total vulnerabilidad porque nunca sabe lo que está sucediendo con él mismo, y para resolver este dilema reprime sus emociones y espera que su pareja o alguien más cubra su deseo social y cultural. Así, deja su espacio emocional vacío y por lo tanto una quinta parte de sus recursos para la supervivencia está en constante crisis. Es por eso que el hombre trata de demostrar constantemente que no tiene miedo, ni dolor, que le importa poco lo que le suceda, porque considera heroico y masculino sufrir sin quejarse.

La imagen exterior le proporciona algunas formas de resolver sus deseos al imponerle aspectos que él cree que provienen de sí mismo. La sexualidad, por ejemplo, dentro de la masculinidad, es una receta que se tiene que seguir. Desde esta postura, el hombre es sexualmente activo y se siente dueño de la sexualidad de la o las otras u otros; cree que siempre debe desear a una mujer (la que sea), y en cada acción que ejecuta intenta afirmar su sexualidad. Desarrolla juegos de control sexual en los que él se afirma al llenar los requisitos de la sexualidad desde la masculinidad, y no desde sus necesidades de compañía o cariño, es decir, suplanta sus emociones por sexo.

El espacio social y la masculinidad

El espacio social es aquel donde se desarrollan contactos, interacciones e intercambios con otras personas. Para el hombre, este espacio es otra oportunidad para comprobar que es superior. Percibe a todas las personas que lo rodean como sujetos de competencia que pueden demostrarle si es superior o no. El hombre crea relaciones sociales de competencia para comprobarse a sí mismo su superioridad. De aquí surgen los juegos como los albures, que son formas de demostración simbólica de su superioridad ante otro hombre. Al crear relaciones de competencia, el hombre asume que cada uno de los otros hombres quiere destruirlo, pues también están en competencia, tratando de demostrar su propia superioridad. También con su pareja crea estas relaciones de competencia. Siempre cree que tiene que «conquistarla» o impresionarla, pues si hay alguien superior a él, ella lo preferirá.

El hombre violento usa el espacio social como un aspecto que también debe controlar. Este espacio está integrado por las personas con las que él se involucra, y por las características de esta interacción. El hombre pretende ser dueño de los espacios sociales de otras personas, pero no acepta tener responsabilidad y equidad hacia ellas.

El hombre violento controla los contactos sociales de su pareja; éstos tienen que ser aprobados por él. También controla el tipo de contacto que tiene con otras personas. Por ejemplo, le prohíbe tener contacto con su madre, o si lo tiene le prohíbe hablar con ella de determinados temas. Al limitar los contactos sociales, el hombre le quita poder a su pareja, pues mientras más dependa de él, menos podrá tener otro tipo de apoyo que sea diferente a las ideas de él. La mujer no podrá validar su experiencia de acuerdo con otros puntos de vista y esto la conduce al aislamiento.

El hombre sabe que la mujer, al estar conectada con su espacio emocional, es más sensible a sí misma y al medio ambiente; y él utiliza esta sensibilidad para sobrevivir, valiéndose de ella. Le asigna la tarea de mantener las relaciones sociales nutritivas, y cuando él necesita algo recurre a su pareja para que sea ella la que negocie los intercambios, pues él sólo sabe competir. De este modo, ella es la que queda en una posición vulnerable, no él.

Por ejemplo, si van a bautizar al hijo, es ella la que se acerca a los futuros padrinos para formular su petición, mientras que el hombre sólo dirige: decide quién y cómo serán las condiciones del intercambio. De esta forma, es ella la que se expone a ser rechazada, no él. El espacio social es siempre un medio de competencia para el hombre y por lo tanto una forma de reafirmar su identidad superior.

El espacio cultural y la masculinidad

El espacio cultural son las diversas formas de procesar la realidad de acuerdo con parámetros establecidos mediante el aprendizaje que el individuo ha recibido en su grupo social más inmediato: su familia, grupo económico, religioso, educativo y geográfico.

La mayoría de las culturas aceptan que la mujer tiene que ser inferior al hombre. El hombre crea formas culturales que definen y refuerzan esta supuesta inferioridad de la mujer: los mitos y las tradiciones. En su familia aprende que la mujer se queda en casa a cuidar a los hijos y a llevar a cabo las labores del hogar (que no son remuneradas), donde manda el padre. En su grupo religioso ve que las mujeres no pueden ser más que seguidoras de los hombres, sin tener «acceso directo a Dios», por ser mujeres. En su grupo educativo y político, el hombre ve que la mujer está relegada a puestos inferiores, mientras los puestos más importantes, donde se toman las decisiones, les corresponden a los hombres. Por ejemplo, si va al hospital espera ver un médico (hombre) y obtener ayuda de la enfermera; si va al banco sabe que la atenderá una cajera, y si tiene algún problema va a ver al gerente (hombre); si su hijo tiene problemas en la escuela, va a hablar con la maestra, y si no puede resolver el problema hablará con el director; y así por el estilo. Esto le forma una cultura en la que el hombre es el que toma las decisiones que van a ser seguidas y apoyadas por las mujeres.

El hombre violento obviamente apoya estas creencias porque él es quien obtiene beneficios. Al unirse a él, la mujer tiene que cambiar muchos de sus patrones culturales para ajustarse a los del hombre. Por ejemplo, antes de unirse solían ir al cine o a bailar; o celebraban con sus amigos y amigas. Cuando se unen, el hombre empieza a «celebrar» sin ella, se emborracha en las fiestas a pesar de saber que ella no estaba de acuerdo en que se embriagara en su presencia, y no sólo tiene que tolerar que lo haga, sino que tiene que apoyarlo y además sacarlo de los problemas en que se mete. Así, la mujer termina por cambiar parte de su cultura.

Causas de la violencia del hombre en el hogar

Los conceptos que hasta aquí hemos nos ayudan a entender la razón por la que el hombre es violento con su pareja. Dos aspectos están siempre presentes:

❖ El hombre se cree superior a su pareja y a la naturaleza.
❖ Al creerse superior, hace todo lo posible para imponer esta superioridad y la única forma que conoce de hacerlo es ejerciendo un control mediante la violencia.

Así, la necesidad de controlar es uno de los ejes de la violencia del hombre en el hogar. Aunando su deseo de control y la confusión de su identidad con el estereotipo machista, entendemos por qué un hombre es violento con su pareja. Si su identidad está basada en ser el superior y el dueño de ella; en el momento que siente que no tiene ese control, siente entrar en una crisis que lo puede matar. Si está esperanzado en que va a obtener su validación de la obediencia de su pareja, en el momento en que ella no acepta hacerlo, él siente que ella lo está atacando mortalmente. No se da cuenta de que en realidad lo que está siendo atacado es su autoridad, una construcción social, y no él como ser humano. Sin embargo, al sentirse atacado, él recurre a lo que considera el único proceso biológico que puede ayudarle a sobrevivir: la violencia.

En nuestra sociedad creemos que un hombre que no controla a «su mujer» no es «suficientemente» hombre, y por lo general esta inhabilidad de mantenerse como superior tiene un castigo. Llamarlo «mandilón» es una forma de definirlo como inferior por no imponerse. Un elemento muy importante para la masculinidad es la diferenciación entre sexos mediante lugares, herramientas o vestimentas que definen la pertenencia a determinado género. Para la masculinidad es fundamental tener un opuesto, debido a que la única certeza de ser masculino consiste en definir «lo que no es femenino».[6] Establece su identidad al medirse con alguien más: con las mujeres y especialmente con su mujer. Para el hombre es mortal convertirse en algo que no sea un hombre superior, pues de nada le sirve parecerse o ser como su pareja/mujer. De aquí que cuando su pareja pide o exige igualdad, el hombre se siente en peligro mortal. Hemos denominado a esta sensación *Riesgo fatal*,[7] y es el momento en que cree que está a punto de morir porque su identidad de superior ya no existe.

Es importante notar que el hombre está más preocupado por mantener esta identidad de superior que le impone el medio social, que en crear relaciones de igualdad, que lo van a ayudar a desenvolverse en un proceso nutritivo y de intimidad.

Para detener su violencia, el hombre necesita aceptar primero que su pareja es igual a él y tratarla como tal, lo que significa alejarse de la identidad machista de superioridad, reconocer y apoyar los espacios de su pareja y aprender a relacionarse en una forma cooperativa, igualitaria, equitativa, justa y democrática.

Entrevista a Juan Alberto (primera parte)

A los 25 años me casé. Mi padrino de primera comunión y mi mamá fueron a pedirla. Todo estuvo bien: el señor aceptó porque le gustaba mi forma de ser, mi forma de tratarla y de respetarla. Me dijo que estaba bien, que aceptaba que yo fuera el esposo de ella. Y me dijo: «quiero platicar contigo mañana antes de que vayas a hablar con ella». Fui como media hora

---

[6] Ruth Hartley en Badinter, Elisabeth; *Op. Cit.,* p. 51.
[7] Concepto usado por Hamish Sinclair, de MANALIVE.

antes y me pasó al comedor. Se sentó conmigo y me dijo: «mira, te cité antes para darte estos consejos o estas advertencias». Dice: «la mujer tiene cuatro brincos: el primero es a los tobillos, el segundo es a la rodilla, el tercero es a la cintura y el cuarto es al cuello o a los hombros y para que la bajes de ahí, nunca lo vas a lograr. Mi hija es consentida, es la última y ella aquí hace y deshace. Así de que te lo advierto para que tomes tus precauciones.» Esos consejos me sirvieron y no. Me sirvieron porque nunca dejé que se me subiera a los hombros, y a la vez no me sirvieron porque todo el tiempo estábamos de pleito: yo con mi personalidad y ella (como fue la consentida) quería dominarme a mí, y yo nunca me dejé. Entonces yo para cualquier cosa le ponía mi frontera. Si ella me decíar «no tomes», yo le decía: «tú no me tienes que decir lo que tengo que hacer». O sea, yo fui muy dominante, si yo decía que era azul, era azul aunque supiera que era negro y si ella quería hacérmelo ver, yo no se lo aceptaba.

—*¿Y esto basado únicamente en esos consejos que te dio?*

—Todo eso lo usé contra ella. Si ella trataba de hablar conmigo, yo le decía: «no tengo tiempo». Nunca le di tiempo para que se comunicara conmigo; nunca tuvimos un diálogo, un acuerdo; era yo el que tenía la razón, no ella.

—*¿Crees que si no te hubieran dado este consejo habrías sido diferente?*

—Sí. Bastante diferente, porque yo no hubiera usado esos conceptos contra ella. Yo me hubiera ido a la lógica. Pero como tenía esa advertencia, «ella te va a querer dominar, ella va a querer hacer lo que ella quiere. Tú tienes que dominarla, tienes que...» no me lo dijo él eso, pero yo en mi interior, en mi ego propio dije: «no, ésta tiene que saber quién la va a dominar, no va a hacer su voluntad todo el tiempo.» Y eso fue, una guerra constante entre ella y yo.

—*Es increíble que media hora de conversación pueda cambiar una vida tan drásticamente.*

—Es cierto. Es cierto. Y ahora lo lamento mucho, porque cuando entré a este programa comprendí todo el error que cometí con ella, todo lo violento que fui y lo equivocado que estuve. Nunca la golpeé, eso sí; nunca. Pero sí fui violento verbal y emocionalmente; fui bastante duro con ella.

—*¿Qué quieres decir con esta última frase: «fui muy duro con ella»?*

—Porque no le di tiempo u oportunidad de ser ella. Yo todo el tiempo la quise tener a mi dominio y a mi manera. Digamos que su cuerpo no; yo no la mandaba. Ella podía vestirse como ella quisiera, en eso sí nunca le puse pretextos. Pero a veces, cuando me acompañaba a una fiesta que era de conocidos y me pedía canciones, yo le decía: «no; pide una más bonita, para qué estás pidiendo esas cosas». La dominaba.

—*¿Para qué hacías eso?*

—Pues según yo, para educarla a que pidiera música más de acuerdo a la ocasión, al momento. Como a mí me gusta lo romántico, aunque muy pocas veces lo fui con ella, quería que ella pidiera románticas, no canciones rancheras como «Ella», «La prieta linda», «La que se fue»; esas canciones para mí no tenían ningún significado. En cambio, si pedía «Sin ti», «Consentida», «Siempre viva» o «Nobleza», ésas sí me gustaba que las pidiera, y le gustaban a ella también, pero como que también ella lo hacía para hacerme renegar. Me decía: «ándale, viejo, cántame ésta». «No, bien sabes que no me gusta, no estés dando lata».

—*¿Era nada más porque no te gustaba la música, o había otra intención?*

—No, era para demostrarle que no me gustaba lo que pedía.

—*Y con esa demostración, ¿qué era lo que creías obtener?*

—Casi, casi que no estuviera pidiendo canciones. Era una forma de detenerla, de dominarla.

—*¿Cuánto tiempo vivieron así?*

—Pues hasta que ella falleció, hace diez años.

—*En algún momento me platicaste que ella tenía diabetes, ¿recuerdas eso?*

—Cuando ella me decía, por ejemplo: «en la primera oportunidad que tengas, busca alguna estación de gasolina donde estacionarte para yo poder ir a ir al baño porque ya me anda.» Yo le decía: «no, te puedes aguantar dos más porque hay bastante *gas* y no quiero perder tiempo.» Y ahora que yo tengo diabetes, que siento yo el síntoma y casi no lo puedo ni detener, me acuerdo de ella y me siento muy mal. Hasta en eso la controlé: en sus necesidades fisiológicas.

—*Entonces, ¿querías controlarla en todos los sentidos?*

—En todos los sentidos.

—*Y ella, ¿se dejaba controlar?*

—No, teníamos muchos pleitos.

—*¿Qué decía?*

—Me decía que yo no la dejaba actuar, no la dejaba hablar, o: « tú no quieres ni hablar conmigo». Entonces ella hacía lo que hacen aquí en el programa: se salía cuando la situación se ponía muy tensa; agarraba a su hija y mejor se iba. Yo me quedaba allí. Los domingos me dejaba casi todo el día solo. Me decía: «te dejo para que te soportes tú solo. No hay trato, no puedo hablar de nada contigo, nada te parece».

—*¿Y era cierto?*

—Desgraciadamente, sí.

—*¿Cuánto tiempo estuvieron juntos?*

—Del 71 al 85.

—*En ese tiempo, ¿así fue la vida para los dos?*

—Ella me decía que si extrañaba a mi familia que me fuera para allá un mes o dos, si ése era el problema por el que yo estaba así; ella creía que yo estaba en estrés. «Vete para allá y quítate ese estrés, esa pena de que no ves a tu familia. Pero cuando vengas, ya ven en otra forma, más positivo, porque estás muy negativo de todo», decía; «hasta tu hija la lleva.»

—*¿A tu hija la tratabas igual?*

—Sí, también a gritos. Golpes muy poco, nomás le di uno o dos cuando estaba chiquita que no entendía. Pero me acuerdo también que para hacer su tarea, una vez que sí tuvimos una discusión muy seria, porque mi hija inocente se arrimó conmigo y me dijo: «papi, ¿me ayudas con mi tarea?» Yo le dije: «sí, cómo no. ¿Cuántos son tres más tres?» Y ella se agarró contando y me dice: «cinco». Le dije: «no, cuéntele otra vez.» «Pues cuatro». Ya empecé yo a alzar la voz. «Cuéntele bien.» Ella empezó a temblar y siguió diciendo: «no, pues son tres». «¡Cómo tres!», empecé a gritarle. Y la agarré así de la oreja y le dije: «mire ahí cómo está; qué dice allí: ¿cuántos son tres y tres?» «Pues cinco.» Entonces que la agarro de las greñas y la clavé así. Y me vio mi señora y se dejó venir. Me dijo: «no la trates así, así no va aprender.» «Tú no te metas, que éste es asunto de ella y mío; ella quiso que yo le enseñara, ahora se aguanta.» «No, pero así no.» «¡Que no te metas, te estoy diciendo! Esto no es de tu incumbencia.»

—*¿Y luego que sucedió?*

—No, pues la niña corrió y ya no quiso seguir estudiando. Yo la seguí, pero se sentó y ya no se quiso parar. Dijo que no que ya no quería que yo le enseñara. Y para que me volviera a tener confianza, duró años eso. Ya no quería que le enseñara nada. Me decía: «no, papi; tú me gritas mucho.» Todavía a la fecha, hace como unos seis o siete meses, cuando empezó a trabajar, me dijo: «papi, a veces mi jefe me grita y me hace acordarme de ti». Yo me sentí muy mal; la abracé y le dije: «no, hija; eso ya no volverá a pasar. Yo estaba en un estado muy equivocado de macho, de superior a ti y a tu madre, pero ya has visto que he cambiado mucho». «Sí, papi; qué bueno, dice, lástima que mi mami ya no lo vio.» «Así es», le digo.

Y tal vez ésa es la causa de que yo siga soltero, porque no quiero que otra persona que no sea ella me disfrute; porque me siento mal de recordar todo eso; mucho muy mal. Voy a su tumba y ahí me deshago en perdones, disculpas y todo; pero yo sé que es tarde. Me escucha pero no lo siento. Eso un remordimiento muy grande. Incluso cuando estuvo en el hospital, yo no le di ningún apoyo. Yo iba, la veía diez o quince minutos y no sé, me deprimía verla ahí; entonces me salía y me iba. Ella me suplicaba: «no te vayas, quédate, hazme más compañía». Y yo le contestaba: «no, ya me voy». Muy mal que me porté con ella. Digamos, conmigo llegó una flor abierta, bonita, rozagante y yo la devolví muerta. Le maté su frescura. La volví nada.

Es muy doloroso para mí recordar todo esto. Incluso, en un sueño que tuve con ella –porque yo todas las noches me acostaba y le preguntaba: «¿por qué te fuiste? Dame una señal, dime algo». Y un día se me apareció en silla de ruedas. Y yo la vi en un jardín adonde la llevaba la enfermera. Ya me arrimé yo y le dije: «hola». Nomás me dijo: «aquí está la prueba que querías; si buena y sana no me querías, ¿me ibas a querer en silla de ruedas?» Entonces desperté sobresaltado y sudando.

Ejercicio 2

En este ejercicio usted puede aclarar sus propias creencias sobre las causas de la violencia del hombre en el hogar.

1. ¿Qué creencias tengo respecto a la violencia del hombre en el hogar?

2. ¿Creo que es una exageración, que el problema no es tan serio?
3. ¿Creo que las mujeres se están uniendo para quitarle derechos al hombre?
4. ¿Creo que las mujeres son la causa de la violencia del hombre?
5. ¿Creo que el hombre es violento por naturaleza?
6. ¿Creo que el hombre violento tiene una enfermedad mental?
7. ¿Creo que el hombre ha aprendido a actuar violentamente?
8. En mi trabajo, escuela, grupo social y en la política, ¿quiénes toman las decisiones, los hombres o las mujeres?
9. ¿Acepto o aceptaría que mi jefe fuera una mujer?

Con mi pareja:
10. ¿Acepto que mi pareja tome sus propias decisiones?
11. ¿Acepto que mi pareja exprese sus ideas y yo las apoyo?
12. ¿Quién toma las decisiones en nuestro hogar?
13. ¿Cada cuándo acepto que mi pareja tiene razón en una discusión?

Evolución de un acto de violencia en el hogar

...uno de ellos me había regalado una pistola.
Fue cuando la saqué de abajo del sofá y ya me
iba; pero cuando iba a cerrar la puerta, oí que
la abrieron y era ella maldiciéndome.
Fue cuando la saqué, le apunté y cuando vi al
niño junto a ella, mejor apunté pa' arriba y
disparé al aire.

Armando

La pregunta que más me hacen es: ¿por qué el hombre es violento con su pareja? Es difícil imaginarse la brutalidad de golpear a alguien a quien (se supone) el hombre violento ama y con quien quiere tener una relación íntima. Sin embargo, ésta es una pregunta clave para saber si podemos ayudarle a ese hombre a parar su violencia y si vamos a poder parar la violencia hacia las mujeres en general. Para entender por qué los hombres llegan a ser violentos con sus parejas, necesitamos analizar los componentes de cada acto de violencia.

Debemos aclarar que un acto de violencia es demasiado complejo y no podemos aislarlo o dejar de analizar todos los elementos que lo rodean, desde la historia de la relación hasta la historia individual, y sobre todo sin considerar las expectativas sociales. Vamos a desglosar aquí las partes más obvias de un acto de violencia que nos aclaran cómo y por qué se desarrolla el acto violento individual. Para hacer esto, primero debemos entender cómo llega el hombre a absorber los patrones sociales que usa en sus relaciones.

Autoridad, control y dominio

Ningún hombre inicia la relación con su pareja con la idea de ser violento con ella. Generalmente, los hombres creen que el objetivo principal de una relación es tener intimidad, la cual incluye compañía, cariño, sexo, comprensión, apoyo, creatividad, la fundación de una nueva familia, etcétera. A pesar de que el hombre cree que quiere obtener estas características de la intimidad, las confunde y da por entendido que su pareja le debe sumisión. De entrada, esa relación está llena de juicios y expectativas respecto a cómo tienen que ser cada cual en la relación de pareja. El proceso de violencia no se encuentra solamente cuando el hombre realiza algún acto específico de violencia, sino cuando entra en una relación. El hombre alimenta su violencia desde que nace y la sociedad le atribuye ciertos patrones de conducta y de pensamiento que él acepta como verdaderos.

La formación de la autoridad: los primeros años

El proceso de formación de la autoridad es muy complejo y empieza desde muy temprano en la vida del hombre. Cada hombre nace con una identidad muy particular e individual que no se ajusta al patrón social, por lo cual se le tiene que educar para que responda a las normas sociales. Desde que nace, el hombre es educado o preparado para vivir el papel social de la masculinidad o de macho.

Las expectativas de la familia desde antes de que nazca son muy específicas; generalmente, la pareja desea tener un hijo, pues las mujeres son «más comunes» y se suponen incapaces de «proseguir la familia», porque en algún momento ellas van a «ser de alguien más», ajeno a la familia. Se espera que llegue el heredero para que sea quien siga con el mandato que el padre ha empezado. Así, desde antes de nacer, hombres y mujeres ya tienen un camino trazado.

Cabe mencionar también que los niños en nuestras sociedades se consideran adultos inacabados que tienen que esperar al futuro para poder ser, o sea para ser respetados totalmente. Mientras son pequeños, los seres humanos no cuentan como los adultos y no tienen voz ni voto. La persona que implementa esta dinámica es el padre, así que analizaremos primero esta posición.

El padre

Yo soy el único varón en una familia de seis hijos; tengo cinco hermanas y siempre me educaron como único varón; me enseñaron que la mujer valía menos; mis hermanas valían menos y me prohibían estar en la cocina. Yo era el único que caminaba con mi padre, no podía caminar con mi madre ni con mis hermanas. Si había que cruzar un río, o hacer cualquier hazaña que mi padre hacía, yo era el que tenía que aprender a ser valiente como él. A veces se me salían palabras que mis hermanas decían, y entonces mi padre me caía encima a golpes, porque yo no debía usar palabras de mujer, y mi garganta no debía sonar a veces como de mujer (cuando me estaba cambiando la voz, en la adolescencia). Luego decían que me iban a acusar de que no era hombre, y me metían miedo de que yo quería ser un homosexual; entonces yo tenía que ser «machito» desde pequeño. Esa fue la mentalidad que a mí me metieron y yo la agarré ciento por ciento.

Le perdí el respeto completamente a mis hermanas. Parece que esa era la lucha de mi familia. Ellas eran cinco y yo estaba en medio; pero tenía que dominar a las mayores y también a las que eran más pequeñas que yo. Perdí el respeto a mi madre también, porque cuando yo estaba alegando, mi padre me apoyaba: «sabes que él es el hombre de la casa»; y no estoy hablando de cuando tenía siete años ni ocho; estoy hablando de cuando yo ya era un joven. Después también llegué a perderle el respeto a mi papá; cuando él decía cosas que a mí no me parecían, también a él le perdí el respeto. Cuando yo sentía que no me hacían mi voluntad, mis hermanas estaban grandes, no querían que yo las mandara, mi madre ya no quería que yo la mandara; todo mundo me empezaba a alegar. Entonces me fui de la casa, a los 16 años.

Antes de irme de la casa, mi papá me puso trabajar en una carnicería. Mi padre me entregó con una persona que me hizo gran daño, porque mi padre me entregó con él para que me enseñara a ser macho y aguanté patadas de caballos, patadas de él mismo, patadas de los hijos de él. Cuando podía, yo pateaba a sus hijos.

Allá en mi tierra se acostumbra torturar a una res; a un animal de esos, para matarlo, hay que sacarle la sangre, porque la sangre se vende también; es parte del negocio de la carnicería. Y en la tortura el animal suelta la sangre con más facilidad por los golpes de dolor que se le dan al animal cuando lo tenemos amarrado. Entonces, tira todita la sangre que tiene en su venas y a mí me obligaban a hacer eso. Me iban enseñando cosas que para mi padre eran una satisfacción. Luego esa persona con la que mi padre me entregó, esa persona acabó muerta. Otro campesino lo mató a machetazos y él con su pistola en la mano no pudo hacer nada, porque ya tenía ofendida a mucha gente. Era una persona muy violenta, y yo estuve en sus manos. Yo iba a dormir a mi casa pero trabajaba con él.

Mi padre le tenía mucha confianza. Son cosas de mi vida de las que yo no hablo mucho, porque a pesar de todo lo ingrato que he sido, me animo a decir así, son cosas que todavía me da temor o vergüenza que mis hijos las escuchen. Son cosas que mis hijos no saben, ni mi esposa.

Cuando yo me puse a trabajar con esta persona, no sabía qué tanto más violento me había hecho ya, como para los dieciséis años, que es cuando huí de la casa. Así estuve unos meses; después regresé a la casa, porque allá donde yo andaba había demasiada violencia, y yo estaba muy chamaco. Estaba muy joven para andar metido en tanta violencia; ya convivía con hombres, con personas maduras. Y eso me estaba dando problemas, porque yo quería ser más violento que ellos, y ellos me consideraban como un cualquiera, no veían el grado de venganza que yo llevaba en mis sangre; no sabían mi trasfondo, nadie me conocía. Entonces, cuando yo hacía cosas que les dolieran a ellos, con los meses que estuve entre esas personas, me empezaron a perseguir; a veces me daban ganas de matarme. Entonces pensé que era más correcto regresarme a mi casa.

Ricardo

En Latinoamérica, la imagen del padre tiene una connotación de santidad que rebasa la realidad. En nuestra sociedad el padre es una imagen de poder, supremacía y sabiduría a la que se «debe» admirar y respetar a cualquier costo. Sin importar su conducta, se le venera y admira como un ser mítico que da «todo» por su familia. El padre es el protector y el que toma decisiones; por lo tanto, sabe más que el resto de la familia. Es el personaje al que se tiene que amar, pues si no se le ama es atentar contra uno mismo. A la vez, es un ser desconocido que pasa poco tiempo en el hogar y tiene poca interacción con los hijos. Es el que sale a buscar el dinero para cubrir las necesidades de manutención; pero, sobre todo, es el que define la dinámica familiar.

La imagen del padre, aparentemente, es una supuesta garantía de solución a los problemas de la familia y para mantener su estructura. Los integrantes de la familia «perdonan» fácilmente los daños que ocasiona y los errores que comete el padre. Como no tiene con quien ser responsable, mantiene sus actividades si no secretas, al menos sin que los demás sepan a ciencia cierta qué hace y con quién está. De hecho, le preguntan muy poco para no poner en duda su jerarquía. Por ejemplo, aunque toda su familia, hijos e hijas, pareja, suegro y suegra sepan que tiene otra familia, el tema queda como un «secreto familiar» para que él no tenga que responder por sus actos, pero sobre todo para que la familia no pierda la imagen de estabilidad que supone tener gracias al padre.

El padre transmite preceptos históricos de generación a generación, que los demás adquieren como inmutables. Para lograrlo, tiene que ser percibido como invencible y omnisciente. Esta imagen la construye al llevar a cabo acciones que nadie en la familia entiende. Su relación con todos los miembros de la familia es superficial y unidireccional, en el sentido de que su relación con otras personas y sus actividades están siempre ocultas y generalmente no incluye a los demás miembros, ya sea porque son muy jóvenes o porque son mujeres. Esta superficialidad de su relación con los demás miembros de la familia le permite ser tratado como alguien que no participa en la cotidianidad del hogar, como una visita, mientras el resto de la familia esconde su ausencia real del hogar. Él no se esfuerza por relacionarse de manera más cercana con sus familiares, pues esto lo colocaría en una posición común, real y por lo tanto vulnerable.

Así, todos los miembros de la familia se crean la imagen de un padre-superior-sabio-proveedor que en realidad no existe, y sin embargo todos le siguen el juego al esperar su apoyo; él mismo llega a creer que ese es su papel: director del hogar. Sólo llega a revisar y a asegurarse de que el hogar está funcionando, para continuar con su libertad de hacer lo que quiere. Si la dinámica familiar no funciona, él impone un castigo para restablecer el supuesto equilibrio u orden.

Ser padre en nuestra sociedad es la meta última a la que el hombre debe aspirar –incluso sin llegar a casarse y sin asumir responsabilidad alguna por los hijos e hijas. Pasar de la niñez a la juventud es sólo una preparación para llegar a la culminación: casarse y ser padre. En este sentido, el padre juega un papel muy importante porque él mismo refuerza esta idea al despreciar a las personas a su alrededor. La forma de guiar a sus hijos es asegurarse de enseñarles que están incompletos hasta que lleguen a tener su propia posición como padres. Será entonces cuando él pueda hablar «de hombre a hombre» con su hijo. Antes de esto, el hijo es sólo un muchacho que está buscando madurar como lo hizo el padre.

Para «madurar», el hijo necesita tener toda la libertad del mundo, pues de otra forma se casaría muy pronto sin tener suficiente experiencia y esto es peligroso, pues el hombre-padre tiene que «enseñar a su pareja los secretos de la vida». El padre se mantiene alejado, supuestamente, para transmitirle su sabiduría al hijo cuando esté preparado. Pero una vez que llega ese momento, se da cuenta de que sus ideas ya no se ajustan a las necesidades del hijo. Entonces el padre empieza a perder su posición de director y se aleja para aparentar que él es quien está decidiendo la distancia. Se da cuenta de que su posición como director no le sirvió y (en realidad siempre fue así) por lo tanto él sobra porque la familia tuvo que sobrevivir sin su participación social y emocional.

El hijo, sin embargo, al ver que el padre aún tiene libertad, lo admira incondicionalmente por esto y espera llegar a tener él mismo esa libertad. La promesa de ser padre conlleva la garantía de no tener que asumir ninguna responsabilidad por sus actos y le permite mantenerse como un espectador y director de la vida propia y de los demás. Desde pequeño, el niño espera ver cumplida la promesa de ser el que manda, el que es servido y el que protege. Mientras es pequeño, se ajusta a las reglas que el padre le impone, que la madre acepta y que él mismo tiene que aceptar. Su padre le manda mensajes contradictorios y confusos, pues en ocasiones se muestra muy cariñoso con el niño, pero la mayoría de las veces apenas se relaciona con él.

El hombre fuerte de la casa, el jefe, el que manda, en realidad es un ser lejano que muestra amor, cariño, apoyo, fuerza y agresividad en formas muy contradictorias. Por ejemplo, se enoja cuando la esposa va al mercado y no regresa tan pronto como él quisiera, pero él sí puede llegar cuando quiera y en las condiciones que quiera. Nadie puede decirle lo que tiene que hacer, pero el sí debe dar permiso a las personas de su familia cuando quieren hacer algo. Cuando llega de mal humor o borracho, los miembros de la familia tienen que hacerse a un lado y no contrariarlo para evitar su violencia y su castigo. En lugar de buscar apoyo se aleja física y emocionalmente de todos y todas; se pone a ver la televisión y a emborracharse, o sale para regresar muy tarde cuando ya nadie lo va a molestar. Su ausencia es sumamente dolorosa para el niño y para el resto de la familia, pues el padre a pesar de estar físicamente presente, no está emocionalmente (aunque muchas veces tampoco está físicamente). Si el niño necesita algo, el espacio del padre es más importante; el hijo tiene que aceptar esta imposición sin discutir.

El niño no entiende por qué cuando él se cae y siente dolor, por ejemplo, llora y tiene que buscar el apoyo de alguien, pero si el padre sufre tiene que esconderse y disimular sus emociones. Aprende que para ser hombre se tienen que hacer tres cosas: primero, no validar o reconocer el dolor propio y sus emociones en general; segundo, para no validar este dolor o emociones es mejor callar, sufrirlo y resolverlo por sí mismo; tercero, que está solo en el mundo pues nadie lo va entender y, por el contrario, si expresa lo que siente será castigado, como tal vez ya lo ha experimentado. De este modo, el niño aprende por imitación y empieza a dejar de lado sus procesos naturales para cambiarlos por el ejemplo que ve diariamente en su propio hogar.

El niño se desarrolla con expectativas contradictorias. Por un lado está la promesa de ser el que manda como su padre, y por otro el miedo de ser como su padre, porque no obtuvo su apoyo y realmente no lo conoció. Sin embargo, tiene que seguir el camino que ya tiene predestinado; algún día también será padre.

Generalmente, el niño tiene más contacto con la madre; escucha y vive con ella su sufrimiento. En cambio, al padre lo ve muy poco y desde luego aprende que su padre debe tener pocos problemas y no sufre. El niño decide seguir el ejemplo del padre porque en la estructura social actual es un camino más fácil. Ser hombre-padre le asegura no sufrir como su madre. Se crea una división de género en la cual debe decidir qué género adquirir.

La madre

La madre también es una figura mítica, aunque mucho más humana y vulnerable. Es la persona que «se sacrifica» por todos los miembros de la familia, la que está siempre atenta y dispuesta para satisfacer las necesidades de los otros a expensas de sí misma, y es la que toma decisiones que son sólo extensiones de las del padre. Se evalúa a una buena madre en la medida en que acepta el sufrimiento con abnegación. Mientras más sufrimiento ha sobrevivido y más se ha abnegado y aceptado el dolor, más será considerada como mejor madre.

Para el niño, la madre sirve de apoyo y práctica en su proceso de aprender su papel. La madre, por su propio entrenamiento, enseña al niño por oposición lo que es un hombre. Si ella es abnegada, el niño debe de ser lo opuesto, el que impone la abnegación. Ella es el primer ejemplo que el niño tiene de cómo los seres humanos se relacionan mediante la imposición, dominación, subyugación y abnegación. Ve cómo ella acepta la violencia, los mandatos y desprecios del padre; cómo acepta gustosa lo poco o mucho que el padre le da, y especialmente cómo está siempre dispuesta a hacer lo que le pidan para tener contento al padre. Cuando sea adulto, el niño va a actuar bajo estos patrones, pues en su experiencia le resulta muy fácil la posición del padre, pues siempre está la madre para responder y solventar las necesidades del hombre. El hombre aprende que tiene que encontrar una mujer que abandone sus propias necesidades para satisfacer las del padre-esposo.

Las hermanas

Desde muy temprano lo tratan diferente que a las hermanas, le dan más recursos, prioridad y sobre todo lo empiezan a entrenar para que sea el segundo jefe de la casa, en caso de que el padre faltara. Desde muy pequeño aprende que su papel ya está determinado, sólo tiene que crecer lo suficiente y tomar su lugar. En este proceso se anulan sus potencialidades y recursos individuales. Obviamente, esto también afecta a las mujeres: las hace invisibles. Las niñas tienen un destino: crecer, casarse, ser de otro y tener hijos. Desde muy pequeñas las preparan para esto: al inculcarles la obligación de ayudar en las tareas domésticas o incluso les adjudican el papel de madre cuando la madre real no está en condiciones de desempeñar ese papel. Es muy común que las hijas mayores cuiden a los hermanos como si fueran su propios hijos. De hecho, también tienen que cuidar al padre. Si la madre trabaja hasta tarde, las niñas tienen que preparar y servir la comida a la familia.

El papel del niño es mucho más amplio, pues se supone que él no tiene responsabilidades en el hogar. El único papel que conoce hasta ese momento es el de la libertad; de explorar; mandar (a las mujeres) y aprender a mantenerse inalcanzable. El hombre aprende desde pequeño a medirse con las mujeres, porque en él la atención siempre está puesta para que se desarrolle como un ser independiente, y en las mujeres para que sean dependientes; de este modo, aprende que por sí mismo no tiene identidad, sino que tiene que compararse con las que son dependientes y también competir con los que son independientes.

Generalmente, los padres y las madres se precian de tener hijos problemáticos desde pequeños; «es un diablillo», es una forma de decir que el niño tiene un gran poder destructivo y le celebran que sea activo. En cambio, a la niña la castigan para que deje las conductas que no son «apropiadas para las damas».

La forma de vestir del niño es más cómoda que la de las niñas: su ropa, su peinado e incluso su apariencia en general es más libre. El niño lleva pantalón, zapatos cómodos y el cabello corto, mientras la niña lleva vestido, zapatos incómodos y cabello largo. Esto es para que el niño empiece a desarrollar habilidades para manipular el medio ambiente. Si el niño cuando está jugando, suda y se llena de polvo, lo celebran y le dan de comer o beber para que continúe. Si la niña llega en las mismas condiciones, la castigan, la limpian inmediatamente y, como castigo, ya no le permiten salir. El niño aprende que existen dos categorías opuestas: los niños tienen como tarea ser traviesos y explorar el mundo para tener influencia y cambiarlo a voluntad, y las niñas tienen como tarea ser sumisas, no explorar y quedarse cerca del hogar porque tendrán que ser manejables cuando sean adultas.

Las hermanas le sirven de entrenamiento para llegar a ser padre, desde que empieza a mandar sobre ellas. Se ve a sí mismo como dueño de los recursos de sus hermanas y de otras mujeres que lo rodean. Al ver que le ponen más atención que a las mujeres, asume que su posición es diferente a la de ellas: él vale más. Incluso los castigos son diferentes; a él lo dejan jugar a diferentes horas (del mismo modo que el padre no está atado al tiempo); también sus juegos, quehaceres y ropa son diferentes. Se da cuenta de que tiene más libertad que las mujeres de su familia y así aprende que alguien tiene que mantener este equilibrio; él tiene el poder del padre en ese momento.

Desde pequeño empieza a tomar el papel de «protector» y vigilante con las hermanas; se siente responsable de que ellas hagan lo que él quiere. Dado que él es el único al que se le reconoce el derecho a la libertad, aprende (y asume) que hay que limitar la libertad de las mujeres, pues cree que son «incapaces de pensar por sí mismas». Los juegos de las niñas son siempre en espacios limitados, generalmente dentro del hogar. No desarrollan las mismas habilidades físicas (porque se supone que no las van a usar), sino que aprenden a hacer las labores de la casa (en sus juegos las ensayan), es decir, prepararse para el matrimonio.

La familia prepara al niño para que sea el heredero del poder en el hogar, especialmente si es el mayor de los hijos. Así, ha aprendido la idea de que la única forma de ser hombre es ser padre y la autoridad única del hogar.

Las primeras relaciones de pareja

Cuando un hombre encuentra a una mujer (cualquier mujer) la ve como una pareja potencial y hace todo lo posible para «conquistarla»: finge «amor», esconde su machismo y muchas de sus debilidades y problemas, y muestra una personalidad muy diferente a la que realmente tiene. Si bebe mucho alcohol, beberá moderadamente; si no tiene un concepto muy bueno de las mujeres, convence a su pareja potencial de que ella es muy diferente a todas las mujeres, y también de que él es diferente a otros hombres; por ejemplo, si quiere ser servido le «ayuda» en los quehaceres. Esto lo hace con la intención de hacerla creer que será una relación diferente, de mutua cooperación y apoyo. Él mismo llega a creer (en su espacio intelectual) que hace todo esto por amor. Para él, el amor es adaptarse a los parámetros sociales que tienen que jugar él mismo y la mujer.

El hombre entra en la relación convencido de que todo lo que aprendió en su hogar y en su grupo social y cultural, es la forma correcta de relacionarse; por lo tanto, espera que este esquema sea el que rija su matrimonio. Sólo tiene que inducir a la pareja por un tiempo hasta envolverla, antes de empezar a mostrar lo que él quiere realmente. De este modo, la violencia contra la pareja no empieza en el momento en que decide golpearla, sino desde que la controla y le miente para que se convierta en su pareja: esto es violencia emocional.

Desde el principio, el hombre trata de «convencer» a la mujer para que sea «suya solamente». Esta labor de convencimiento es el comienzo del control que ejercerá sobre ella en el futuro. El hecho de convencerla es una prueba de su superioridad al obligarla, en formas muy sutiles, a hacer lo que él quiere. El hombre crea así una relación competitiva en la que asume que ella tiene que ser manipulada, convencida, coaccionada y forzada para entrar (y permanecer) en esa relación. Usa diversas estrategias de control emocional desde el inicio de la relación, para moldear a la mujer a su modo. Para él es muy importante que ella acepte ser «suya», porque esto reafirma su masculinidad ante sí mismo y ante la sociedad. En este sentido, la presencia de una mujer en la vida del hombre es muy importante, pues su identidad de superior no puede existir en el vacío. «Conquistarla» es un reto para su capacidad de controlar y dominar, y este reto es lo que mantiene viva su imagen de superioridad. Para él, la prueba empírica de su superioridad está basada en cuánto puede cambiar a la mujer.

Cuando se hacen novios, el hombre espera que ella cambie y se conduzca como una novia que tiene responsabilidades con él. Ya no puede coquetear ni salir sola; su relación con sus amigas cambia; tiene que esperar a que la llame; no puede tomar decisiones por sí misma o hacer planes sin tener su opinión o consentimiento, etcétera. Cuando el hombre impone estos límites no son marcados solamente por él, sino que tiene el apoyo de toda la sociedad y la cultura. Sin embargo, él es quien decide y los impone.

Al principio lo hace mediante la coacción emocional. Por ejemplo, si la encuentra platicando con un amigo, no le reclama directamente; manifiesta su desaprobación al enojarse y ser poco amistoso o incluso hostil con el otro hombre; permanece serio y su expresión pone en evidencia su malestar. Ella debe entender sus indicaciones y actuar como él quiere: no hablando con otros hombres. Él sabe que la mujer también confunde su deseo de dominio sobre ella, con el amor que él puede sentir. Muchas veces, la mujer se siente halagada por los celos que él muestra y por eso responde a este tipo de coacción.

Si ella responde como él quiere (por ejemplo, alejándose de otros hombres) el problema estará aparentemente resuelto. Lo que ni él ni ella perciben es que esta relación se basa en un control que el hombre ejerce sobre su compañera. Así empiezan a establecer tres tipos de parámetros:

❖ Primero: el hombre es quien decide lo que ella puede o debe hacer, porque ella *le pertenece*. Ella tiene responsabilidad (un compromiso) con él, pero él no lo tiene con ella.

❖ Segundo: él puede manipularla con actitudes y amenazas sutiles que la afectan emocionalmente.

❖ Tercero: ella tiene que renunciar a su forma individual de actuar para aceptar la que él le imponga.

Éstas son las bases para controlar, y el control es la clave para demostrarse a sí mismo y a su pareja que él es la autoridad.

La transición

La relación llega a un punto en que tiene que avanzar de acuerdo con las normas sociales; entonces se casan, se unen o se separan. La presión para ambos es muy grande, pues se espera que lleguen a «la madurez» al formar una nueva familia. El casamiento es la transición más grande de la relación. Ya casados, el hombre puede desplegar sus verdaderas intenciones de ser la autoridad. Una vez que la pareja ha aceptado «ser de él», puede empezar a imponer abiertamente su papel autoritario: ejerce una coacción mayor para forzarla a entrar más de lleno en el papel de sumisión.

El hombre considera que casarse es su oportunidad para poner en práctica todo su entrenamiento anterior de ser el padre-jefe de la casa. El proceso es lento; sin embargo, como realmente no se conocen bien, tienen que acostumbrarse a vivir juntos y realizar los ajustes que implica esta nueva situación. Generalmente, durante los primeros meses o años, el hombre no suele ser violento física o verbalmente con su pareja porque la novedad ayuda a que sean flexibles entre ellos y a evitar la violencia. Sin embargo, esta flexibilidad es una ilusión porque generalmente en este proceso la mujer ya ha tenido que aceptar las imposiciones del hombre. En poco tiempo, la dinámica se ha establecido y el hombre asume una total autoridad en el hogar, con todos los «beneficios» que esto implica. No tiene que explicar a dónde va, con quién y a qué actividades asiste; no tiene que participar en las labores domésticas, empieza a salir solo para hacer «cosas de hombres» y poco a poco deja que su pareja se encargue sola del hogar mientras él no está.

Control y dominio

Todo este proceso se lleva a cabo para asegurar que el hombre va a tener el control de la relación, pues la base de confirmar su autoridad es la capacidad de controlar a su pareja.

Según el Diccionario de la Lengua Española, control significa: 1. Comprobación, inspección, fiscalización, intervención. 2. Dominio, mando, preponderancia. 3. Regulación manual o automática sobre un sistema. 4. Mando o dispositivo de regulación.

En nuestra sociedad, un hombre es el que tiene dominio, mando, preponderancia y esto lo obtiene al comprobar, inspeccionar, fiscalizar e intervenir para regular las acciones o conductas de otras personas y de él mismo.

Como vimos, desde pequeño aprendió que existen sistemas de regulación o control y es él quien debe llevarlos a cabo. Ser hombre-jefe-padre-esposo requiere ser quien regula y controla. Como el hombre vivió durante muchos años bajo el control del padre, aprendió que él mismo tiene que autorregularse o controlarse para satisfacer las necesidades de la imagen externa, no las necesidades que tiene como ser individual. Aprendió a «respetar», es decir, a no retar la posición de padre-controlador, mediante esta autorregulación. Ahora que él es padre, espera que todas las personas en su familia, especialmente «su mujer», acepten su posición de controlador y regulador de la dinámica familiar.

Constantemente tiene que comprobar que él es quien controla y que es hombre, pues su superioridad y mandato no existen en realidad. Su forma de comprobación es saber qué tanto puede regular o controlar las acciones de otras personas. Ser el regulador/controlador de las acciones propias y de otras personas se convierte en su función en la vida. Al hacer esto se controla a sí mismo, pues se asigna un papel y una función: para ser hombre, el control es la base de su identidad.

Este control está compuesto por los siguientes elementos:

❖ En primer lugar están las asignaciones del hombre hacia la mujer, o sea el concepto de las tareas y responsabilidades que el hombre espera de ella. El hombre pasa mucho tiempo pensando en lo que ella debe hacer, decir, pensar, etcétera. Le asigna a la mujer un papel que ella tiene que desempeñar. Crea toda una estructura en la cual empieza a moldear los espacios de la mujer de acuerdo con lo que él quiere o cree conveniente. Desarrolla una idea de cómo debe ser la vida de «su mujer», cuáles son los límites y las decisiones que puede o no tomar. Esta asignación incluye: hacer los trabajos del hogar, aceptar las demandas de él, limitar sus contactos físicos y sociales, actuar pensando siempre en él, servirle la comida, etcétera.

❖ El segundo aspecto de control es hacerle saber a la mujer lo que él espera de ella, mediante expresiones directas o indirectas. El hombre tiene muchas ideas de cómo debe ser el comportamiento de su pareja, así que sólo le falta implementarlo. La forma indirecta consiste en hacer comentarios sobre otras mujeres, compararla, hacer gestos de desaprobación, etcétera. La otra es decirle directamente lo que debe hacer; por ejemplo, «no quiero que hables con tu familia», o: «dame de comer». Mediante estos dos mecanismos, el hombre dice que «se comunica» con «su mujer», cuando realmente lo que hace es degradarla para que se deje controlar.

❖ La tercera parte del control es coercionar a la mujer. Los sistemas de regulación no funcionan si no existe un método para aplicarlos; el método más común del hombre es coercionarla, y por lo general lo hace con el uso de la violencia. Al principio estas formas de coerción son muy sutiles, pues si el hombre fuera totalmente honesto con la mujer, no habría mujer que aceptara sus condiciones, por lo cual las esconde lo más posible hasta que la mujer está absolutamente dominada, desequilibrada y sin posibilidad alguna de dejarlo. Poco a poco le va poniendo límites que reducen su campo de acción. Le habla por teléfono constantemente, va por ella sin avisarle, se queda hasta tarde en su casa para ver qué hace. Con esto, el hombre logra dos objetivos: por un lado, establece un control sobre ella al hacerle saber qué puede y qué no puede hacer; y, por el otro, la moldea para que pierda su individualidad y sea sólo para él.

La autoridad

La autoridad del hombre va unida a su deseo de controlar, pues si no pudiera controlar a la mujer no tendría forma de saber si realmente es superior y, por lo tanto, la autoridad.

Para ser autoridad, el hombre necesita tener el control total sobre la mujer. El proceso de establecerse como autoridad tiene como fin asegurarse de que la pareja será «una buena mujer». Esto significa que ella aceptará que el hombre actúe como la máxima y única autoridad, y ella cumplirá sus órdenes al pie de la letra, sin tomar en cuenta sus propias necesidades, su forma de pensar ni sus propias decisiones. «Ella está sujeta a las ideas del hombre, de lo que él supone que una buena madre y una buena mujer debe ser; [él] evalúa sus conductas y así intenta forzar este orden 'moral' de sus actividades cotidianas.»[1]

Desde el principio quedó establecido que él sería la única autoridad en la familia, el que daría las órdenes; en resumen, el dueño de la familia. Se le conoce como el «señor de la casa», o como el «jefe de la casa», lo que implica que él es la autoridad suprema y que todo miembro de la familia debe apoyar esta imagen. El objetivo de establecerse como autoridad no es sólo una forma de crearse una imagen de sí mismo, sino usar también los recursos de la mujer.

Para controlar a la mujer, el hombre tiene que denigrarla constantemente para que ella no tenga energía para oponerlo; también lo hace para satisfacer su constante necesidad de demostrar su superioridad. Es común que el hombre latinoamericano sea sarcástico y burlón con la mujer; por ejemplo, suele decir: «oye, madre, te voy a traer a mi mujer para que la enseñes a cocinar, porque me está matando de hambre, ja, ja»; ésta es una forma de burlarse de la mujer a la vez que afirma ser tan superior que él no tiene por qué poner atención a «cosas de mujeres» como cocinar, aunque no le guste lo que ella cocina. Jalarla de la mano cuando el hombre quiere bailar, sin saber si ella quiere o no, es una forma de ser violento físicamente. Muchos hombres creen que son amables al *obligarla* a «divertirse». Llegar borracho al hogar, de «buen humor» y queriendo tener sexo con la

---

[1] Dobash, Emerson y Rusell Dobash, *Violence Against Wives*, p. 127 (traducción del autor).

mujer es otra forma de ser violento, pues convivir con una persona que actúa bajo la influencia del alcohol es como estar con un desconocido, porque sus respuestas son impredecibles. Cuando el hombre se cree la autoridad tiene que ser violento y denigrar a la mujer para mantenerse como superior.

Cuando el hombre tiene una pareja cree que es dueño del cuerpo, la energía, las acciones, los pensamientos y sentimientos de la mujer. Al controlar, el objetivo final del hombre es usar los recursos físicos, intelectuales, emocionales, sociales y espirituales de la mujer para probarse que es superior y a la vez esquivar tareas que no quiere hacer. El hombre cree que por ser autoridad tiene que gastar la menor cantidad posible de su energía para realizar su papel. La realidad es que, al tratar de comprobar su identidad de superior, deja su identidad real y se convierte en una imagen insostenible, lo cual implica un gasto mayor de energía. Al cambiar su identidad real por la de autoridad tiene que intercambiar sus pensamientos por los que su cultura le impone; de modo que no es capaz de tomar sus propias decisiones, aunque en muchas formas esto lo lleve a actuar en contra de sus principios y pensamientos. Este proceso implica un gran desgaste porque constantemente tiene que reprimirse para estar seguro de que está dentro de los parámetros culturales. Abandona su propio espacio intelectual y lo cambia por un patrón cultural externo.

El espacio físico también sufre porque tiene que asumir actitudes físicas de amenaza que no son naturales en él, sino que son impuestas externamente. Acostumbra a su cuerpo a mantenerse tenso, como si tuviera que luchar físicamente para sobrevivir. Esta tensión es mortal para él porque obliga a su organismo a estar en constante alerta, lo cual le provoca un gran desgaste físico que eventualmente lo destruye.

Como ya vimos, el hombre no tiene permitido expresar su espacio emocional. Al evitar el reconocimiento y la expresión de sus emociones, se convierte en un cascarón vacío que requiere llenar constantemente, y esto lo hace de dos formas: una es controlando a la mujer mediante las acciones que ella realiza cuando él quiere, y por otro viviendo concomitantemente las emociones de la mujer.

Para controlar a la mujer, el hombre usa el cuerpo de la mujer en tres maneras diferentes:

Como objeto sexual, como trabajadora doméstica (la obliga a realizar los trabajos que él no quiere hacer, apoyado en el argumento de que hay funciones para cada sexo) y la trata como inferior a él para probarse como autoridad.

❖ La sexualidad es muy importante para el hombre, pues es la razón por la que se cree superior, por ser hombre. Pertenecer al sexo masculino le comprueba que es superior, pero esta superioridad tiene que ser reforzada para ser real. El hombre cree que también debe ser el dueño de la sexualidad de su pareja. De aquí viene uno de los grandes problemas del hombre: los celos. Como él es capaz, y de hecho hace todo lo posible por tener sexo con otras mujeres («mientras más mejor»), cree que ella también está pensando lo mismo, y así justifica su modo actuar y celarla para asegurarse de que ella «no lo va a traicionar.» Sin saber si su pareja quiere o no acostarse con todo hombre que encuentra, asume que ella lo va a hacer, porque él mismo lo haría (o lo hace). Por otro lado, la cree incapaz de tomar decisiones, por lo que asume que ella se dejará seducir por cualquier hombre. Con todo esto, el hombre gasta mucha energía tratando de mantener «su pertenencia», es decir, la sexualidad de la mujer, y cree que tiene que ser violento si ve amenazado este equilibrio. Al creerse dueño del cuerpo y la sexualidad de la mujer, cree que puede tener acceso al cuerpo de ella en cualquier momento o situación. Por lo tanto no considera la violación de la esposa como tal, sino como un derecho del hombre.

❖ El trabajo de la mujer, tanto doméstico como fuera de la casa, también es considerado por el hombre como una propiedad suya. En el hogar el hombre toma una posición de «jefe», desde la cual espera que se le «respete» como tal. Confunde respeto con subyugación. Él cree que si se llevan a cabo sus órdenes, se le está respetando, de modo que espera que su pareja muestre y confirme que él es superior, la autoridad en el hogar. Esta confirmación se da cuando la mujer realiza los servicios que él exige.

❖ Para poder mantener su imagen de superior, necesita sobajar constantemente a la mujer y por eso ejerce la violencia todo el tiempo. Es una forma de violencia muy sutil que incluso aparenta ser apoyo, con frases como: «mira, si te pones a dieta te vas a ver como esa muchacha, que está buenísima». O tomarla de la mano y decirle: «vente, vamos a bailar»; es una forma de ser violento físicamente, pues asume que ella está siempre dispuesta a hacer lo que él quiere. «Oye, el domingo vamos a la casa de mis hermanos», es otra forma de ser violento porque no toma en cuenta su opinión; ignora el hecho de que en realidad ella no desea ir porque cada vez que visitan a estas personas, él se emborracha. Otra forma de imponer su autoridad es gastar el dinero sin tomar en cuenta que la familia necesita el apoyo financiero para sobrevivir; esto es violencia económica.

❖ Desde el momento en que se concibe a sí mismo como la autoridad, es violento porque descarta la humanidad de otras personas, al no reconocer ni respetar su libertad.

❖ Otro aspecto del control del hombre es cuando pretende que la pareja llene el vacío emocional y existencial que siente. Al estar vacío y no sentir sus emociones, el hombre no sabe si lo que está pasando le ayuda a sobrevivir o si es un peligro para él. Las emociones, de las que tanto huye, en realidad son la forma de percibir y procesar sus experiencias y saber cómo lo afectan; es decir, son sus *reguladores ecológicos*. Debido a que sus reguladores ecológicos no funcionan, toda la información que reciba del medio ambiente siempre la verá como una amenaza y no puede entenderla y procesarla; entonces el hombre tiene que depender de su pareja para que ella le sirva de regulador y le diga cómo tiene que responder al medio ambiente. Así, el hombre utiliza las emociones de la mujer para mantener su equilibrio como parte de la naturaleza. Ella se convierte en un símbolo de su superioridad, además de una necesidad para sobrevivir. Es por eso que las mujeres corren mayor peligro cuando deciden separarse del hombre, porque no sólo es su imagen de superior lo que está en juego, sino su propia supervivencia.

Los servicios

Una vez que el hombre se ha establecido como la autoridad en el hogar, necesita asegurarse de obtener beneficios de esa posición y esto lo hace al obtener servicios de su pareja. Los servicios son actos que la mujer realiza para satisfacer las asignaciones que el hombre le impone. Mediante estas funciones, el hombre dispone de los recursos, la energía y el cuerpo de su pareja para su propio beneficio como autoridad. Los servicios también son una forma de comprobar su autoridad, pues la ejecución de sus órdenes refuerza su creencia de superioridad. Podemos considerar los servicios como una prueba empírica de la superioridad del hombre. Es la forma en que regula las acciones de ella para asegurarse de que cumple con las tareas que él le asigna y para seguir controlándola. Al principio los servicios son establecidos en la pareja desde fuera, por las expectativas sociales; después, son reforzadas con las interacciones de cada cual con la comunidad. Generalmente, el hombre que agrede dice no tener la intención de golpear y dañar a su pareja; lo que quiere es recibir los servicios que supone le pertenecen. «Sólo quiero que me entienda», es una frase que esconde la verdadera motivación del hombre; su definición de «ser entendido» es ser obedecido: que ella acepte sus opiniones, órdenes y mandatos sin refutarlo. «Puesto que el valor de una mujer casada está basado principalmente en su habilidad de ser una buena esposa y madre, y ser una buena esposa incluye, entre otros elementos, proveer servicios al esposo (así como ser buena madre incluye proveer servicios apropiados a los niños), su valor y autoestima dependen en gran parte de la manera en que los receptores de estos servicios, el esposo y los hijos, evalúen sus actividades.»[2]

Los servicios más importantes para el hombre son tres: que refuerce la posición del hombre como autoridad, que la

---

[2] Dobash, E. y R. Dobash, *Op. Cit.*, p. 124.

pareja acepte ser posesión del hombre y que le dé sus recursos al hombre.

✤ El primer servicio de importancia consiste en confirmar que el hombre es la autoridad y ella es subordinada. El hombre cree que ella es sólo una extensión de él mismo. En nuestras culturas es común que el hombre utilice a su pareja para darse un sentido de valor, especialmente si la mujer es atractiva. Para mantenerse como autoridad, el hombre necesita asegurarse de tener bajo control todos los espacios de la mujer, por eso insiste en escuchar cuánto lo quiere y obtener pruebas de su fidelidad, que más bien son pruebas de que ella ha sido colonizada en todos los sentidos. La medida para definir a una «buena mujer» depende de cuánto esté dispuesta a dejarse a sí misma y ser abnegada o «ser de y para otros»;[3] ella tiene que aceptar que él es quien manda y le impone ser para él, no para sí misma.

✤ El segundo servicio que el hombre demanda de su pareja es que sea exclusivamente una posesión de él. Esto quiere decir que ella debe cambiar muchas o todas las actitudes que él no aprueba; desde su forma de actuar, sus amistades, su sexualidad, su forma de vestir, hasta su forma de pensar y de ser. Es por esto que el hombre violento constantemente invade los espacios de su pareja, pues cree que éstos le pertenecen: ella no es para sí misma, sino para él. Mientras más los maneja el hombre, menos poder tiene la mujer. Es importante resaltar que él no acepta que otras personas entren en sus espacios, y por eso es prácticamente imposible trabajar con hombres violentos en terapia: no aceptan que otras personas tengan acceso a ellos. El hombre violento cree que el objetivo de la terapia (que él considera una invasión a su espacio privado) siempre es destruirlo como él lo hace con otras personas. Sabe que para convertir a su pareja en una posesión, primero tiene que «derrotarla» y destruir su sentido de autonomía, sus capacidades, su alma y espíritu. Mientras menos espacios pueda usar ella, menos poder tendrá para oponerse a su dominio. El hombre pasa mucho tiempo invadiendo los espacios de

---

[3] Lagarde, Marcela, *Los Cautiverios de las mujeres: madresposas, monjas, putas, presas y locas,* p. 18.

la mujer, y empieza por el espacio social: cuando ella acepta tener una relación con él, la convence de que su espacio social tiene que cambiar. De acuerdo con Dobash y Dobash, uno de los principales motivos del hombre para ser violento con su pareja son sus celos, seguidos por sus expectativas respecto al trabajo doméstico, dinero, problemas de estatus, intentos de la mujer de irse (represalias), parientes y amistades, alcoholismo del hombre e hijos.[4]

En nuestra cultura, los celos son una tradición muy compleja y antigua. Son una respuesta de enojo ante la incertidumbre sobre la posesión de la pareja. Mientras más incertidumbre se tiene de la pareja y cuando ésta busca su autonomía, más celos se sienten. El concepto de amor en nuestras sociedades está siempre rodeado de tragedia: mientras más trágico es el amor, más válido se le considera. El hombre y la mujer creen que mientras más celos sientan, más amor sienten por su pareja. Los celos son una expresión de inseguridad que surge del deseo de controlar las acciones, ideas y deseos de la otra persona. Es obvio que mientras más quiere el hombre controlar a su pareja, más inseguridad siente, pues aunque ve las respuestas externas de ella, que lleva a cabo los servicios que él quiere, nunca tiene la certeza de que ella acepta totalmente su autoridad. Como los celos son un intento de controlar los deseos y pensamientos de la mujer, él tiene que enfrentarse a la realidad de que no tiene forma de controlarla; sabe que aunque le imponga castigos externos, los procesos internos de ella estarán siempre fuera de su alcance, pese a que los afecta indirectamente.

❖ El tercer servicio toma forma cuando la mujer acepta aportar sus recursos para beneficio del hombre. La manera más usual de brindar estos recursos es realizar las tareas domésticas como lavar, planchar, cocinar, servir como agente de control cuando el hombre no está; cuidar a los niños; limpiar la casa; servirle a toda la familia; administrar el dinero que el hombre le da; aportar su propio dinero para la manutención del hogar, etcétera. Todos estos servicios implican que ella tiene que usar una cantidad enorme de energía para que el hombre no tenga que hacerlo. El hombre deja

---

[4] Dobash, E. y R. Dobash, *Op. Cit.*, p. 122.

que su pareja trabaje en el hogar hasta quedar exhausta; además, encuentra muy conveniente su agotamiento físico, porque así no podrá oponérsele. El trabajo doméstico es una forma de controlar a la mujer, pues cuando no le queda energía ni tiempo para desarrollarse en lo que ella realmente desea hacer, es más fácil que se deje dominar.

Por otro lado, dijimos que el hombre necesita la regulación ecológica de la pareja. Todo organismo necesita aprender y desarrollar conductas de equilibrio que le permitan sobrevivir en el medio ambiente. Los reguladores ecológicos son conductas y creencias que permiten al individuo y al grupo sobrevivir, al mismo tiempo que mantienen un equilibrio saludable entre sí y con su medio ambiente. Al principio, los reguladores ecológicos son instintivos. Al nacer, el niño tiene reguladores ecológicos que le indican cómo sobrevivir; por ejemplo, necesita comer, y para satisfacer esa necesidad tiene que expresarla; esto lo hace con el llanto. También con el llanto expresa cuando tiene dolor de estómago o algún otro malestar; de este modo, sus necesidades son satisfechas. Estos reguladores se desarrollan y se vuelven más complejos, hasta llegar a un punto en el que ya no se basan en respuestas instintivas, sino en conductas aprendidas.

Antes de la era industrial, era de vital importancia que todas las personas aprendieran, lo más pronto posible, a manejar sus reguladores ecológicos; de otra manera, morirían. Desde pequeños, los humanos aprendían a distinguir los climas, las estaciones del año, direcciones, cualidades de las plantas, de las rocas y de los animales. Todo este aprendizaje les servía para sobrevivir. A partir de la industrialización, estos reguladores ecológicos comenzaron a relacionarse con el uso de máquinas, de dinero e intercambio; con competencia y comprobación de control. El hombre cambió sus verdaderas necesidades, sus reguladores ecológicos, por reguladores sociales, culturales y económicos. La masculinidad es entonces un mecanismo de regulación social que ignora las necesidades del individuo y de su medio ambiente.

Sin embargo, los reguladores ecológicos no pueden ser totalmente suprimidos; y el hombre lo sabe, de modo que usa a su pareja para que ella actúe como regulador ecológico de él. En una palabra, él depende de las acciones, pensamientos, decisiones, creencias e interacciones de la mujer. En Latinoamérica es muy común escuchar a los hombres decir burlonamente que «la mujer es la que manda» en el hogar. Dicen esto porque ella es la que se encarga de coordinar todas las actividades de cada individuo en el hogar. El hombre, por ejemplo, no tiene miedo de gastar todo su dinero invitando a sus amigos a beber; espera a que ella ralice la infame labor de persuadirlo. Si ella lo logra y le «quita» el dinero necesario para subsistir, él también subsistirá; de lo contrario, toda la familia tendrá un grave problema; pero incluso entonces, él espera que ella lo solucione.

Al perder la habilidad de usar sus sistemas de regulación ecológica, el hombre está siempre al borde del desastre, pues los problemas que se le presentan son siempre extraños, no puede entenderlos y no conoce una respuesta apropiada. La mujer es la que tiene que llevar la carga de la irresponsabilidad del hombre, pues cuando termina enfermo o en la cárcel, es ella quien asume más responsabilidades; hasta que él está en condiciones de volver y empezar el ciclo de nuevo. El hombre espera que su mujer sea abnegada porque sin ella moriría solo y sin apoyo. Por eso, cuando la mujer intenta separarse del hombre violento, es cuando más riesgo corre de morir a manos de su cónyuge.

Uno de los principales factores que mantienen los reguladores ecológicos son las emociones de la persona y éstas han sido prohibidas para el hombre. Es por eso que el hombre no entiende lo que le está pasando y lo que tiene que hacer. Cuando el hombre dice que no tiene miedo y no acepta que siente dolor, esta negándose la posibilidad de aprender y sobrevivir, pues sus respuestas se basan en aspectos sociales y no en sus propias decisiones. El hombre es capaz de matar a su pareja porque «no le da miedo» terminar encarcelado y tampoco no tiene sentimientos que lo guíen hacia decisiones más acertadas o ecológicas. James Gilligan[5] describe cómo los asesinos más crueles con los que platicó le decían que se sentían como «que estaban muertos, que no sentían emociones y que les daba lo mismo estar vivos que muertos». Éste es un paradigma de la masculinidad: «más vale muerto que ser como una vieja».

Como el hombre no ha aprendido a satisfacerse a sí mismo, porque no está en contacto con sus reguladores ecológicos, espera que sea su compañera la que satisfaga sus necesidades y las de otras personas. Esta satisfacción es difícil, sobre todo en el aspceto emocional. Con frecuencia, la relación de pareja se basa en el apoyo emocional que la mujer puede aportar. Ella tiene que *expresar* por los dos que se quieren; es la que busca los momentos de intimidad; la que pone el color a la relación, etcétera. El hombre sólo sabe ser competitivo, y cuando tiene que relacionarse de otra manera no sabe qué hacer. Nuevamente, deja que sea la mujer quien lo apoye. Esto le causa al hombre un aislamiento muy profundo en el que realmente no tiene otras personas con quienes platicar e intercambiar ideas, experiencias y emociones.

El hombre percibe las relaciones interpersonales muy cercanas como una lucha o competencia en la que debe destruir o ser destruido, sin importar que la otra persona diga que lo ama y a pesar de que él mismo dice amar a su pareja. Éste es el trasfondo trágico de las relaciones: El hombre no concibe que su relación con su pareja puede ser positiva, nutritiva, creativa y cooperativa, igualitaria y democrática. Cree que tiene que ser negativa, muy cansada, estática y competitiva. El hombre cree que mientras más agresivo sea, más lo van a admirar, porque un hombre que sufre estoicamente los «ataques de la mujer» y sobrevive, es un hombre digno de admiración; pero si logra «domar a su mujer» e imponerse, será visto como «un gran hombre».

---

[5] Gilligan, James, *Violence*, p. 33.

El riesgo fatal

El hombre gasta toda su energía tratando de poner en práctica las expectativas sociales de superioridad, pero en realidad, al hacer esto, termina suprimiendo sus reguladores ecológicos. Por lo tanto, tiene constantes crisis porque nunca aprendió a decidir por sí mismo, sino desde su posición de autoridad. Sus espacios internos se llenaron de conductas sociales y culturales establecidas desde afuera y esto le causa una confusión muy grande. Sus espacios están controlados por las expectativas sociales y toma decisiones basado en lo que debe de ser, en lugar de analizar por sí mismo y atender a sus necesidades individuales. Según Sinclair,[6] el riesgo fatal es el momento en que su superioridad ya no le funciona y se encuentra en una situación desesperada y cree estar al borde de la muerte. El hombre que ha basado su identidad y creencias de superioridad en las respuestas de la mujer, está en constante amenaza de que ella no haga lo que él quiere; cuando esto sucede, él siente en peligro su identidad y, por lo tanto, él mismo se siente amenazado de muerte; éste es el momento de riesgo fatal, y lo vive así por varias razones. En primer lugar, pierde su identidad, que está basada en la capacidad de controlar a su pareja, cuando ella no le obedece; además, lo que parece ser el problema más grave, él pierde sus reguladores ecológicos y cree que va a morir al perder su razón de ser en el mundo.

Esto es una crisis, pues si estos dos elementos fallan, ya no tiene cómo sobrevivir. Cuando la mujer se niega a darle los servicios que él quiere, el hombre pierde su posición de autoridad y sus reguladores ecológicos. Con esto también cree perder toda posibilidad de sobrevivir, pues ella «le quita» no sólo su posición e identidad, sino *su poder*. Cabe aclarar que lo que la mujer hace es tratar de tomar la dirección de su propia vida; y es el hombre el que induce llegar a esta situación.

---

[6] Hamish Sinclair, fundador del programa MANALIVE.

En este momento, el hombre decide que tiene que luchar para recuperar su identidad de superior, su supervivencia y control, y lo hace de manera violenta. El riesgo fatal existe cuando el hombre decide escalar su violencia hacia la mujer. Éste es un punto clave para el hombre: es el momento en que puede entender que no necesita ser violento con su pareja para sobrevivir. Si el hombre se detiene a reflexionar en este momento de riesgo fatal, quien muere es su identidad de superior, no él como ser humano.

El riesgo fatal no es sólo una idea: el hombre ha sido entrenado para responder con tensión física a los problemas con que se encuentra; por ejemplo, cuando siente que va a llorar, tensa su garganta y así evita llorar; de aquí la famosa frase «se me hace un nudo en la garganta». Esto significa que no quiere llorar y el nudo le evita expresar lo que realmente está sintiendo. El cuerpo del hombre ha sido entrenado en formas parecidas, de modo que el riesgo fatal abarca respuestas físicas muy específicas. Generalmente, esta respuesta apenas se puede notar, pero es visible en sus manos que suben con las palmas hacia arriba en posición de desesperación, los ojos se quedan sorprendidos y muy abiertos, la respiración se hace más corta, se pone rojo o «se le calienta la sangre», etcétera. Todas estas indicaciones están conectadas con su creencia de que se va a morir en ese momento. El cuerpo responde como si el hombre se encontrara en una situación totalmente desesperada: siente que una catástrofe está a punto de ocurrir y que si no responde inmediatamente, seguramente morirá. Con todas estas señales, el hombre puede detenerse en ese momento de riesgo fatal y tomar la decisión de no ser violento.

En general, los motivos por los que el hombre es violento son triviales comparados con otros problemas; sin embargo, para él son asunto de vida o muerte y por eso cree que tiene que destruir, para no ser destruido. Para el hombre resulta muy grave que la mujer tome iniciativas y decisiones sin su participación, por lo que responde de acuerdo con su creencia de que está en una crisis mortal cuando se encuentra con que la mujer le niega los servicios y no acepta ser dominada.

Ante esta situación, el hombre recurre a la agresión verbal en un intento de volver a imponerse y controlar a la mujer. En muchas ocasiones, esta violencia es efectiva y ella termina aceptando llevar a cabo los servicios que el hombre espera, creándole un hábito que después será muy difícil romper.

Control y dominio

Para librarse del riesgo fatal, el hombre tiene dos posibilidades: la primera es aceptar que su pareja está haciendo algo que es más importante para ella en ese momento y hacer él mismo lo que necesita; es decir, dejar que su autoridad «muera». La otra es reafirmar su superioridad, controlando y dominando a la mujer mediante la violencia. La mayoría de hombres que llegan a esta compleja situación se inclinan por la segunda opción y aumentan su violencia.

Violencia emocional

La primera forma de violencia es la emocional, en la cual el hombre hiere los sentimientos de la pareja para forzarla a darle los servicios y aceptar su autoridad. Deja de hablarle, la mira con expresión amenazante, la ignora y finge no escucharla. Si esto no funciona, intensifica su violencia y pasa al siguiente nivel, es decir a la agresión verbal.

Violencia verbal

Como vimos, la violencia verbal tiene tres variantes: cosificar, denigrar y amenazar. Cosificar es minimizar a la mujer, tratarla como si fuera un objeto y el objetivo es quitarle su humanidad. Decirle «eres una puta», es una forma de ponerla como ese objeto sin valor. Cuando el hombre le pone nombres groseros, ella se siente herida e insegura de lo que va a pasar. El hombre la percibe como algo que no tiene valor para él y que puede destruir a su antojo. Utiliza la violencia verbal para presionarla, porque la destruye simbólicamente y la lleva a desarrollar un gran temor de ser destruida físicamente.

Denigrarla es quitarle su valor al criticarla, juzgarla y definirla. «No hables, no sabes lo que estás diciendo», es una frase común que el hombre utiliza para descalificar las habilidades y los potenciales de la mujer. La sobaja para que ella crea que efectivamente no tiene ninguna capacidad y acepte lo que él trata de imponerle.

Las amenazas son promesas de realizar la violencia física. Al decir «Te voy a dar en la madre», asegura que no sólo la va a destruir físicamente, sino que al ser violento con «su madre», también destruye su memoria o su historia. «Te voy a matar», es una frase muy efectiva cuando se quiere amenazar a alguien, porque si esa persona es capaz de decirlo, probablemente también sea capaz de llevarlo a cabo. Si el hombre amenaza con ser violento hasta las últimas consecuencias, quiere decir que se está dando permiso para hacerlo, porque esas amenazas son un «ultimátum» en el que ya no hay vuelta atrás.

La decisión de utilizar la violencia física

Para ser violento, el hombre tiene que acercarse a la mujer y esto es violencia física. Mucha gente cree que el contacto físico es la única forma de violencia, pero cuando el hombre se acerca ya está invadiendo el espacio físico de la mujer sin su permiso. Existen dos formas de violencia física: contacto directo y violencia alrededor. El contacto directo va desde tocar a la pareja, escupirla, echarle agua, golpearla, empujarla, jalarla, dispararle, etcétera. La violencia alrededor consiste en hacer algo cerca de la pareja para amenazarla; por ejemplo, romper la televisión, patear a las mascotas, golpear las paredes, aventar objetos, etcétera. Después, el hombre pasa de la violencia alrededor a la violencia de contacto. Primero la acorrala y luego la golpea o empuja, jala el cabello, etcétera.

Le llamamos decisión de ejecutar violencia física precisamente porque es una decisión. La mayoría de los hombres niegan haber tomado la decisión de ser violentos emocional, verbal, sexual o físicamente. Éste es el privilegio que cree tener dentro de un sistema patriarcal en que su posición como hombre macho le permite pensar que realmente no tomó esta decisión. Es la forma tautológica de pensar que el hombre cree que, como es superior, puede controlar su realidad y la de los demás.

Una vez que utiliza la violencia para doblegar a la mujer, comprueba que es superior, es decir, la autoridad, porque finalmente logró vencer. Por lo general, el hombre detiene su violencia cuando ha obtenido lo que quería: imponerse como autoridad; con esto inicia nuevamente el ciclo de la violencia.

Entrevista a Armando (fragmento)

Había ido a visitar a unos amigos, eso fue un miércoles. Tenía pensado regresar el mismo día (o a más tardar al día siguiente), pero uno de ellos me dijo que el sábado iban a venir para acá, que me quedara unos días más allí y me enseñarían unos ríos muy bonitos que hay en ese lugar. Yo les dije: «bueno, está bien.» Ellos venían a un bautizo y yo, con mi autoridad, les dije que se podían quedar en la casa. Llegando a la casa, le dije a mi compañera que les preparara un cuarto porque se iban a quedar esa noche. Ella lo arregló y les tendió una cama, pero al ver que allí andaban otras mujeres, ya no le pareció bien; y como habíamos llegado tomados, borrachos, cuando quise poner música me apagó el estéreo. La primera vez no le dije nada. Lo volví a conectar. La segunda vez vino y arrancó los cables y me dijo que yo no tenía derecho allí de nada, que yo no le ayudaba con la renta, y eso fue lo que me hizo enojar. La seguí al cuarto fue cuando la golpeé. La agarré de las greñas y la tiré a la cama; allí en la cama le pegué como tres golpes con el puño. Quiso alcanzar el teléfono y fue cuando se lo arrebaté, lo arranqué y lo estrellé contra la pared. Cuando regresé a la sala mis amigos ya no estaban, ya se habían ido. Como también tenían problemas con la policía ya se habían ido. Uno de ellos me había regalado una pistola. Fue cuando la saqué de abajo del sofá y ya me iba; pero cuando iba a cerrar la puerta, oí que la abrieron y era ella maldiciéndome. Fue cuando la saqué, le apunté y cuando vi al niño junto a ella, mejor apunté pa'arriba y disparé al aire. Después de eso me fui a seguir tomando. Como a las dos de la mañana ya estaba el reporte de la policía y fue cuando vi que había una patrulla en la esquina y tiré la pistola, pero como ya tenía el reporte de que traía una pistola me echaron la luz, me apuntaron; me tiré al suelo y fue cuando me arrestaron.

—*Entonces sacaste la pistola, le apuntaste y en eso salió el niño. ¿Le ibas a disparar a ella?*

—En ese rato, yo sí le hubiera disparado.

—*Entonces, si no sale el niño, ¿sí le habrías disparado?*

—A lo mejor le hubiera disparado a la puerta o algo, pero no a darle a ella.

—*¿Tenías tanto control en ese momento?*

—Yo creo que no; así como andaba, no.

—*Pero cuando viste al niño decidiste no disparar. Y cuando sacaste la pistola, ¿qué hizo ella?*

—Como estaba abierta, quiso cerrar la puerta.

—*¿Y cómo fue que viste al niño?*

—Antes de que la cerrara, el niño ya venía atrasito de ella.

—*Entonces ella salió y te empezó a maldecir; tú sacaste la pistola y ya que la sacaste, ¿viste que el niño estaba detrás de ella mientras ella cerraba la puerta?*

—¡Ajá! Me imaginé que si le tiraba le iba a pegar al niño también, porque hubiera atravesado la puerta.

—*¿Incluso con la puerta cerrada pensaste en disparar?*

—No, me imagino que si hubiera disparado habría atravesado la pared; por eso ya no hice ningún intento de dispararle ni a la puerta ni a nada. Luego las paredes son de madera, digo de cartón.

Ejercicio 3

Para hacer este ejercicio necesita hacer una revisión de su historia personal, en su familia, su escuela, iglesia, trabajo y en su relación.

Ideas o creencias que he aprendido:
1. ¿Qué definiciones aprendí de mi familia de lo que es un hombre y una mujer?
2. ¿Cómo se relacionaban mis padres?; ¿qué tareas tenían?; ¿quién mandaba?
3. Conforme crecía, ¿qué aprendí en la escuela y en mi comunidad sobre lo que deben o no deben hacer los hombres y las mujeres?
4. ¿Y respecto a lo que tienen que hacer los hombres y las mujeres?

En mi trabajo:
5. ¿Cómo hablamos de las mujeres?, ¿cómo hablo de mi pareja?

Con mi pareja:
6. Cuando me uní a mi pareja, ¿qué expectativas tenía de lo que debía hacer ella y de lo que debía hacer yo?
7. ¿Qué cosas podía hacer yo, que ella no podía?
8. ¿Qué limitaciones le ponía y le pongo a mi pareja?
9. ¿Considero a mi pareja como inferior a mí?
10. ¿En qué aspectos quiero mantenerme como superior y como la autoridad sobre ella?
11. ¿Cómo y qué cosas espero que mi pareja haga por mí?
12. ¿Cómo uso los recursos del hogar?
13. ¿Actúo o no democráticamente en mi hogar?
14. ¿Cada cuándo me siento frustrado, enojado o molesto con mi pareja?
15. Cuando me siento así, ¿esto está relacionado con los servicios que espero?

16. ¿Qué hago cuando me siento frustrado, enojado o molesto?

17. ¿Qué siento en mi cuerpo cuando mi pareja se opone a mis expectativas?

18. ¿Creo que mi posición como autoridad es lo más importante que tengo?

Actitudes irresponsables

*¿Por qué no puedo cambiar? Si yo no he sido así,
por qué ella me insiste en que la toque. Esa
segunda vez que la toqué, cuando le vi la cara
así, no quería mirarle la cara de vergüenza. No
sabía cómo hablarle para decirle que me
disculpara.*

LOSP*

El hombre violento no tiene interés en detener su violencia, pues esto requeriría, en primer lugar, aceptar la igualdad de su pareja y dejar de recibir los beneficios de tener una persona que actúe como su sirvienta. Por otro lado, implicaría aceptar que está ejecutando un acto que no es honorable, que ante los demás lo hace ver como una persona no razonable y con muchos defectos.

El proceso de no asumir su responsabilidad solamente pone al hombre en posición de seguir siendo violento, porque no ve su violencia como problema, ni se imagina cómo hacerse «respetar» sin ser violento, y obviamente no quiere perder todos los privilegios que obtiene al actuar como la autoridad.

El hombre se cree perfecto y por lo tanto quiere cambiar todo y a todos a su alrededor, no a sí mismo. Para mantener su idea de que es superior, tiene que convencerse de que él no puede cometer errores o actos injustificados. De hecho, muchos hombres dicen que es cobarde golpear a una mujer, incluso creen que la mujer es «tan débil e incapaz» que necesita ser protegida. Pero cuando el hombre descubre que él

---

* El compañero, que pidió ser identificado sólo como LOSP, nos dijo estas palabras con lágrimas en los ojos.

mismo ha sido violento, busca justificar ese acto. Quiero recordarle al lector que la superioridad es una construcción intelectual externa a uno mismo, de modo que puede usar estas formas intelectuales para justificar su agresión. Estas justificaciones son razonamientos circulares o tautológicos; se basan en su misma creencia de que él está siempre en lo correcto y las demás personas no. El hombre se crea un mundo al que suele escapar, dejando apenas huella de su presencia. Decir «yo no soy violento» es una forma de desaparecer del mundo sin dejar rastro y de no aceptar su responsabilidad. Al refugiarse en ese otro mundo (su espacio intelectual), sólo refuerza su inhabilidad de usar sus reguladores ecológicos y quiere obligar a su medio ambiente a ajustarse a sus pensamientos y creencias. Mientras más justifique el hombre su violencia, más necesitará validar su creencia de superioridad, y mientras más se le niegue esa creencia, más violento será. Por todo esto, continúa juzgando, criticando, menospreciando, interpretando y destruyendo lo que otras personas dicen, opinan, hacen, desean, necesitan, gustan y piensan. Está en constante competencia con todos y todas, hasta que lo acepten y se doblequen ante él. Todo esto es un proceso violento.

Desde un principio, su violencia se vierte hacia él mismo, porque al separarse de sus reguladores ecológicos tiene que suprimir su propia experiencia; de este modo, se aleja de la posibilidad de tener relaciones íntimas y cooperativas. Esto lo aísla a un mundo que se reproduce dentro de él mismo y que nunca encuentra validación externa. De aquí que el hombre violento termina creyendo que él es la víctima, porque nadie quiere escuchar su perspectiva. Va por el mundo tratando de validar sus ideas, y aunque muchos otros hombres las apoyen el hombre se queda con la sensación de que sólo lo aceptan para no tener problemas con él; lo cual es cierto. Esto se debe a que él mismo no puede creer su propia mentira y obviamente otras personas serían muy tontas o no confiables para aceptar lo que está diciendo. Sus propios intentos de validar su autoridad son lo que destruye, porque siempre son contradictorios y lo colocan en una situación insostenible. A medida que la mentira se extiende y se vuelve parte de su realidad, llega un momento en que el hombre termina totalmente vacío, y se llena de su propia mentira; vive para mantenerla. Es por eso que el hombre violento tiene que vivir vidas separadas: una en la que se ve a sí mismo como una autoridad, y otra en la que se vive como una fuente de amor y cariño. La frase «Te pego porque te quiero», denota su confusión entre querer ser autoridad y no saber cómo relacionarse en una forma cooperativa. Además evidencia su necesidad de justificar su violencia como una manifestación de «amor» que en realidad, muy dentro de él, no puede creer.

Como no puede moverse entre estos dos mundos, eventualmente tiene que aceptar que sólo hay una posibilidad: «hacerse respetar» mediante la violencia, lo cual implica redoblar sus esfuerzos para controlar no sólo a su pareja, sino a la sociedad que lo rodea, a su cultura y finalmente, dentro de él mismo, lo que quedaba de humano. Su mundo se vuelve una mentira y tiene que reforzarla cada vez más porque necesita creerla para poder mantener su propia imagen. Su lucha entonces es consigo mismo, pues cada minuto es una prueba de cuánto puede vivir, convencerse y convencer a otros de que su mentira es real. Obviamente, mientras más energía invierte en tratar de convencer, más peligroso es porque necesita usar esa energía externamente para controlar.

El hombre tiene cuatro maneras de no hacerse responsable por su violencia; culpar a otros, negar, minimizar y coludirse.

Culpar a otros

Consiste en poner a otra persona, historia, acto u objeto como causante de su violencia. Culpar es el método favorito del hombre, pues es más fácil usar a la misma persona que quiere mantener bajo control como la responsable de sus actos. El hombre generalmente dice que la mujer es la que causa su violencia, de modo que él se libra de toda responsabilidad en el acto violento. Si escuchamos hablar al hombre violento, es difícil comprender cómo es que permanece con una mujer «tan mala», pues parecería que ella es la causa de la mayor parte de sus problemas. Según él, para empezar, ella «no sabe cuál es su posición», lo que significa que ella quiere actuar con independencia y sin consultarlo. El hombre pretende no entender por qué la mujer es tan «testaruda», a tal grado que él tiene que actuar violentamente; y suele decir: «si ella cambiara, no habría problema». Atribuye sus actos violentos a que ella hace o dice algo que él tiene que corregir de cualquier manera. El hombre culpa a las acciones o pensamientos de la mujer de su violencia. Es muy común escuchar a los hombres decir que si ella supiera su lugar y cambiara de actitudes y acciones, él no sería violento. El hecho es que muchas mujeres maltratadas han hecho esto por muchos años sin ningún resultado.

Si la mujer participa en su mentira, el hombre sólo sentirá desprecio por alguien que acepta mentiras. Muchos hombres que dicen «Si ella cambiara su forma de pensar sería diferente», no reconocen que lo que están pidiendo es que la mujer se destruya internamente para aceptar la realidad de él. El hombre quiere colonizar el pensamiento de la mujer, para remplazarlo con las ideas que él quiere que tenga.

«Es tu culpa; por eso tuve que pegarte», es una frase clásica del hombre violento. «Si me hubieras hecho caso, nada de esto hubiera sucedido», es la amenaza para que ella cambie y para justificar que él será violento nuevamente. «Tú sabes que te quiero», es la frase final que derrota a la mujer, y la hace pensar: «tal vez quiere decir que ya va a cambiar y no me va a volver a pegar». Al aceptar estas condiciones, muchas veces la mujer busca la forma de cambiar, de ser más sensible a sus necesidades y no contradecirlo; sin embargo, la contradicción ya existe: él quiere ser superior *a cualquier costo*; lo único que logra es desviar la atención de su violencia para aparentar que la mujer es la responsable. Obviamente, él no tiene por qué cambiar, considera que arregla todo cuando ella acepta la responsabilidad que le corresponde a él.

Por otro lado, el hombre culpa a otros aspectos por su violencia: uno de ellos es el alcohol. Muchos hombres dicen que no fueron ellos los que golpearon a la mujer, que fue el alcohol el que los llevó a hacer esto. «Yo soy incapaz de ser violento, pero se me pasaron las copas y por eso hice algo indebido». Esto quiere decir que si el hombre no hubiera estado tomando no habría sido violento, pero el hecho es que al tomar y poner en peligro a su familia, está siendo violento. Por otro lado, si sabe que cuando consume drogas o alcohol es violento y puede «perder el control», ¿por qué toma tanto? Mientras está tomando, no considera los peligros, pero una vez que deja de beber y se encuentra sobrio, culpa a su estado de ebriedad. El hecho es que aunque esté muy borracho, generalmente mantiene la capacidad de manejar su auto (aunque con gran riesgo), no golpear a policías, etcétera; pero dice perder el control al golpear a la mujer. En la mayoría de los casos en que el hombre había estado tomando y fue violento, no había pérdida de la conciencia, y de hecho no estaba borracho. Por lo tanto, argumentar que estaba borracho tampoco le quita responsabilidad.

El hombre también culpa a la economía, la situación política o la presión en que se encuentra. Es posible que todos estos elementos contribuyan a producirle una gran presión; sin embargo, cuando quiere, puede ser muy amable a pesar de la tensión a que está sometido. Parte de la masculinidad o machismo es evitar confrontar situaciones, pues se supone que la mujer tiene que hacerlo por él. El hombre busca librarse de las presiones, y generalmente recurre al alcohol, en lugar de analizar y tratar de encontrar las soluciones adecuadas a sus problemas.

Negar la violencia

Un mecanismo muy eficaz del hombre es negar su violencia. Desde su posición de superioridad, trata de manipular su realidad y la de los demás. Es un juego en el que se prueba a sí mismo que es capaz de controlar incluso las partes más profundas de sí mismo y de otras personas. Todos experimentamos la realidad en forma diferente, según la experiencia individual de cada persona, es decir, de acuerdo con su propia subjetividad. El hombre no es capaz de admitir que existen subjetividades diferentes e independientes porque eso implicaría reconocer que otras personas tienen tanto valor como él. Niega las experiencias de otras personas y trata de suplantarlas con las suyas. «Yo no soy violento», es la sentencia que cada hombre violento usa para evitar la responsabilidad. Aunque el acto violento está en su memoria, niega que esto haya ocurrido. Este proceso también es muy difícil, pues su mentira se opone a la realidad y por lo tanto necesita convencerse de que esa realidad que experimentó con otras personas no existió. Nuevamente, se refugia en su mundo y desde aquí es capaz de cambiar su propia experiencia y remplazarla por otra que le resulta mucho más cómoda. Si niega su violencia, no ha cometido errores ni actos inadmisibles; es perfecto.

Minimizar su violencia

En muchas ocasiones, el hombre no tiene suficiente interés en convencerse a sí mismo ni a otras personas de que no fue violento; minimiza su violencia. Minimizar es hacer que su acto violento parezca menos de lo que en realidad fue. La frase «Sólo le di una cachetada», es una forma de aceptar que «se le pasó la mano», pero «no fue gran cosa». Minimizar le permite esquivar la responsabilidad, no tomar en cuenta su violencia y, sobre todo, establecer que, comparado con otros hombres mucho más violentos o con actos más graves, él «no es tan malo». Así se da permiso de definir qué grado de violencia puede o no usar. Utiliza su propia definición en una forma flexible: sólo tiene que definir su acto violento como algo sin importancia para no tener que dejar de ser violento.

Al hacer esto, manipula el concepto de violencia para poder incluir en él cualquier acto violento sin tener que asumir su responsabilidad.

Coludirse con otras personas

Es un mecanismo al que recurre el hombre para que otras personas apoyen su violencia. Colusión es «pactar en daño de tercero».[1] Es un proceso que ayuda a continuar con la violencia. La forma más clara de colusión es cuando el hombre narra sus actos de violencia y lo hace como si fuera muy gracioso; incluso ríe mientras lo cuenta: «Le pegué y se cayó, ja, ja»; además, espera que las otras personas se rían con él y con esto confirmen que su violencia es un chiste y no merece ser tomada en cuenta. El hombre entra en colusión de muchas formas: desde reírse de su violencia, ignorar que es violento, hablar y jactarse de que a la mujer se le domina con golpes, hasta golpearla y pasar inmediatamente a otras actividades, etcétera.

Generalmente, las conversaciones de los hombres son colusivas; hablan de la mujer como una enemiga contra la que deben unirse para no ser destruidos. Suelen darse entre sí «consejos» como: «dale sus chingadazos y verás cómo entiende»; es una forma clásica en la que los hombres apoyan su violencia.

El hombre recibe mucho apoyo para ser violento, pues desde muy pequeño ve la violencia hacia la mujer como una necesidad; la frase: «es terca como una mula», es una categorización que se hace de la mujer para apoyar la idea de que el hombre tiene que ser violento para «domarla.»

En muchas comunidades se culpa a la mujer por las acciones del hombre, argumentando que ella es quien pide la violencia. «Ya no me quiere porque ya no me pega», es la frase con que

---

[1] Real Academia de la Lengua Española, *Op. Cit.*

mucha gente supone que la mujer prefiere los golpes al abandono. En realidad, he escuchado esta expresión de muchos hombres y muy raras veces de mujeres.

Otra forma de colusión es preguntar por qué ella no deja al hombre violento. Aquí la colusión consiste en dejar caer sobre la mujer toda la responsabilidad de resolver el problema del hombre violento: la gente no suele preguntar por qué el hombre no para su violencia, sino por qué ella tiene este problema. Al hacer esto, no toma en cuenta que en muchos casos la mujer, cuando se casa, pierde sus recursos y su habilidad de supervivencia económica, y espera que el hombre sea responsable de mantener a la familia. Incluso para muchas mujeres profesionistas, es muy difícil volver a su campo profesional y ganar dinero después de varios años de no ejercer su profesión. La mayoría de las mujeres, al casarse o unirse, renuncian a sus actividades para dedicarse al hogar, de modo que no tienen los medios necesarios para separarse del hombre.

Cuando el hombre recurre a estos mecanismos para no asumir su responsabilidad, está fomentando su violencia.

> La segunda vez fue por un gato que teníamos en la casa. A mí siempre me han gustado los animales. Yo estaba acostado en la cama con el gato, lo tenía aquí en el hombro y entonces ella se acercó a quererme besar. Vino y puso la mano aquí al pecho, de juego... se me vino a recargar en el pecho. Yo tenía al gato aquí (en el hombro). Era un gato tan mimado que a lo mejor pensó que ella me iba a hacer algo. Entonces saltó y le mordió la mano. Ella lo agarró y lo tiró contra la pared. Eso no me gustó y comenzamos a discutir. Me insultó, comenzó a jalarme los cabellos; me levanté y le volví a pegar. Y esa vez le pegué bien feo; le dejé un ojo morado; tenía la cara, el pómulo hinchado. Cuando la toqué sentí mucha lástima; lástima de mí mismo. ¿Por qué no puedo cambiar? Si yo no he sido así, por qué ella me insiste en que la toque. Esa segunda vez que la toqué, cuando le vi la cara así, no quería mirarle la cara de vergüenza. No sabía cómo hablarle para decirle que me disculpara.
>
> LOSP

Ejercicio 4

Este ejercicio requiere que sea muy honesto consigo mismo.

Cuando usted es violento:
1. ¿Culpa a su pareja u otros factores?

Aunque acepta que ha cometido un acto de violencia:
2. ¿Aún niega su violencia?
3. ¿Minimiza su violencia?

Sus familiares y amigos:
4. ¿Entran en colusión, es decir, lo apoyan para ser violento; o no aceptan su violencia?
5. ¿Culpan a su pareja por su violencia?
6. ¿Minimizan o niegan su violencia por usted?

Asumir la responsabilidad

*Yo estoy creciendo y sé que algún día yo
también voy a tener mi hogar y yo no quiero
reaccionar en la misma forma que ha
reaccionado mi padre, yo no quiero ser violento.
Porque siempre he querido tomar el ejemplo de mi
papá, pero sólo las cosas buenas y considero que
esto es malo. Si quiero ser como mi padre, esto es
algo que no le quiero copiar.*

Raúl

A pesar de que el hombre no quiere aceptar que su violencia
es un problema, siempre sufre las consecuen-cias. Cada
vez hay menos aceptación social de la violencia del hombre hacia la mujer, gracias a que las mujeres están reconociendo esta violencia como inaceptable. En los últimos
veinte años ha habido un movimiento muy fuerte de mujeres, que está promoviendo un cambio en las relaciones
económicas, políticas, sociales y cotidianas. Este movimiento
de mujeres, aunque ha sido muy criticado por los hombres, ha venido a establecer la necesidad de relaciones
más igualitarias entre los sexos. Es interesante notar que
para muchos hombres, aunque tengan conciencia política
y participen activamente en la defensa de los derechos
humanos y la igualdad, creen que su relación cotidiana
con la mujer tiene que seguir los parámetros tradicionales
de subyugación hacia él: «...el código feminista ha penetra-
do los discursos de los sujetos entrevistados –particular-
mente cuando se dirigían a la entrevistadora– y caen en
contradicciones cuando intentan justificar la división tradicional del trabajo. En un reciente análisis, terminaron señalando
que en la medida en que puedan beneficiarse del machismo,

continuarán haciéndolo.»[1] Cuando el hombre mantiene este tipo de creencias, y sobre todo con sus conductas prepotentes hacia la mujer, empieza a perder la capacidad de relacionarse en una forma cooperativa e íntima, y a ser violento. Las relaciones cotidianas forman parte de un conglomerado de injusticias sociales que las mujeres han tenido que vivir y de aquí se desprende que la violencia del hombre en el hogar constituya un problema de derechos humanos. Anne Jones afirma que los efectos de la violencia del hombre hacia la mujer causan impactos similares a los de la violencia cometida en tiempos de guerra, en los campos de concentración. «El hecho de que el marido violento elija conductas abusivas indica que ha establecido un patrón de destreza para controlar... Estas destrezas han sido bien documentadas y se parecen mucho a las tácticas usadas por los guardias nazis para controlar a los prisioneros en los campos de concentración y por los reformadores de cerebro chinos que querían lavarle el cerebro a los prisioneros de guerra en Corea.»[2]

Los impactos de la violencia del hombre afectan a todas las personas que lo rodean: la pareja, los hijos e hijas, él mismo y la comunidad en que vive. Para la mujer, la violencia del hombre la destruye porque la persona que se supone más cercana y que puede apoyarla, es precisamente quien la está violentando. Tiene miedo de su propia pareja. Es decir, la persona con quien decidió unirse y compartir su vida cotidiana, es quien más daño le hace. Y como ella escogió vivir con él, cree que no es capaz de tomar decisiones adecuadas y por lo tanto duda de sus capacidades. Entonces no sólo aporta sus servicios y energía como el hombre espera, sino que vive en conflicto consigo misma porque nunca imaginó que iba a estar en una relación violenta. Pasa mucho tiempo tratando de resolver una situación que está fuera de su alcance y gasta una gran cantidad de energía. La mujer se encuentra siempre herida y al tratar de curar ese dolor, queda vulnerable para que el hombre

---

[1] Füller, Norma; *Identidades masculinas*, p. 162.
[2] Jones, Ann; *Next time she'll be dead*, p. 89.

la controle de nuevo. Las heridas (emocionales y físicas) le quitan posibilidades de independencia y recuperación.

Los hijos que presencian la violencia del hombre en el hogar reciben un gran impacto: crecen en un ambiente en el que creen, si son hombres, que deben ser violentos cuando crezcan, o tolerar la violencia si son mujeres. La violencia se vuelve algo natural para ellos y desde muy temprana edad los niños y las niñas empiezan a poner en práctica conductas violentas para obtener lo que necesitan. También sufren tensión emocional, pues nunca saben si van a ser maltratados; aprenden a no confiar en otras personas ni en sí mismos. Comienzan a tener problemas en la escuela; no se pueden concentrar y no pueden aprender porque están demasiado preocupados con la violencia que sufren del propio padre hacia la madre y hacia ellos mismos.

En muchas ocasiones, los hijos son una motivación muy fuerte para que el hombre detenga su violencia; ellos empiezan a alejarse de él, le tienen miedo, se asustan cuando se ríe fuerte, no le hablan y con frecuencia le preguntan: «¿te vas a enojar conmigo o con mami?»; con esto tratan de averiguar si va a ser violento con ellos. Cuando el hombre empieza a ser violento, los hijos tratan de ponerse a salvo y en ocasiones, cuando creen ser suficientemente fuertes, atacan al padre para que deje de ser violento. La familia lo ve como un enemigo y esto es un impacto muy fuerte para él. Al ver estas reacciones, se da cuenta de que tiene que dejar de ser violento, y entonces toma la decisión de buscar ayuda.

El impacto para el hombre es también muy fuerte; no sólo pierde su autoestima, sino que eventualmente pierde el amor de su familia. En ocasiones incluso llega a perder a su familia porque lo dejan, porque termina matándolos o se mata él mismo. Aunque el hombre se jacta de ser violento, no puede esconder que su vida es un desastre cuando ya nadie en su familia tolera su violencia. Aunque cree que controla a su familia, en realidad sabe que no lo aceptan y se desharán de él lo más pronto posible. Su imagen propia sufre, pues aunque cree que esconde su violencia, toda la gente que lo rodea sabe que es violento; al pretender que no es violento sabe que esto es mentira y tiene que mantenerla. Si se jacta abiertamente de ser violento, es claro que su autoridad es más importante que cualquier límite social.

La comunidad entera donde vive también sufre, pues está creando un medio ambiente de peligro en el que la gente compadece a los que viven cerca de él y en muchas ocasiones los vecinos, parientes y amigos mejor se alejan. Cuando la mujer es golpeada severamente, tiene que usar recursos médicos que podrían aplicarse en situaciones no previsibles (accidentes o desastres naturales); la violencia del hombre en el hogar sí se puede prevenir y depende enteramente del hombre.

Es muy triste para el hombre ver a la mujer a quien ha golpeado, ver cómo le puso los ojos morados o le rompió un brazo. El hombre sabe que la está destruyendo y en alguna forma no puede evitar sentirse herido por sus propios actos violentos. Sin embargo, para él es muy difícil aceptar que necesita ayuda y dejar de ser violento. Generalmente, hasta que la mujer pone un alto a esa violencia (cuando se va de casa y se lleva a los hijos), es cuando él puede hacer algo para empezar a dejar de ser violento. Recuérdese que la mujer es para el hombre su forma de supervivencia, pues ella es la encargada de mantener sus reguladores ecológicos, de modo que cuando ella lo deja, él tiene una gran motivación para cambiar. Pero incluso entonces, no es su violencia la que lo lleva a buscar ayuda, sino el hecho de que «su mujer» lo dejó y quiere recuperarla; es decir, decide hacerlo por ella y por los hijos. Cuando el hombre se ve en esta situación, no tiene más que aceptar que algo en su vida no está funcionando y que tiene que hacer algo. Para empezar, tiene que asumir la responsabilidad por su violencia. Esta responsabilidad incluye tres aspectos:

1. Aceptar que la violencia es generada por él mismo; darse cuenta de cómo comienza, qué sucede antes de ser violento.
2. Reconocer que está siendo violento, observar cómo desarrolla y cómo detiene su violencia,
3. Tomar acción para erradicar su violencia.

Los hombres que llegan a darse cuenta de que su violencia los está destruyendo a sí mismos y a los miembros de su familia, pueden empezar el proceso de dejar de ser violentos. Sin embargo, aún tienen muchas dudas de las razones para dejar de ser violentos. Entonces se preguntan: ¿Qué beneficio obtendré de parar mi violencia? ¿Cómo me voy a hacer respetar? ¿Quién va a ser el jefe de la casa? ¿Me van a querer mandar a mí? ¿Me va a golpear ella? ¿Voy a tener que aceptar todo lo que ella diga? Todas estas preguntas implican que para él sólo hay una forma de relacionarse: dominador-dominado, y desde esta perspectiva el hombre no encuentra salida a su violencia.

Aceptar que la violencia es generada por él mismo

Como dijimos, el hombre vive el mito de superioridad sobre la naturaleza y como el mito no tiene comienzo ni final, debe ser absoluto y real. Para asumir su responsabilidad, el hombre tiene que aceptar primero que es él quien genera y decide ejercer su violencia. Para cambiar, necesita salir de su contradicción; dejar de evadirse del momento en que decidió ser violento y aceptar que él es la parte activa. También necesita renunciar a su lógica de superior y cambiarla por su experiencia desde su parte humana, desde su propio yo; aceptar que, al ser violento, primero «maquina» la idea de cómo va ser violento y hasta qué punto va a llegar para controlar a la mujer. La idea de ser violento le pertenece, no importa cómo lo haya decidido o por qué.

Nuestro lenguaje contribuye en cierta forma a no tomar la responsabilidad, porque generalmente hablamos en tercera persona: «no es que *uno* sea violento; además, ella ya sabe cómo es uno». Al usar el lenguaje de este modo, la autoridad que genera la violencia está totalmente escondida del verdadero Yo. «Uno» toma el papel de quien ejerce la violencia, y no el hombre que está hablando. Asumir la responsabilidad significa aceptar que no hay fuerzas externas que obliguen a un individuo a ser violento, que él decide generar y crear su violencia. Cuando el hombre es violento toma la decisión de generar su violencia. Por eso es importante que el hombre aprenda a *centrarse en su propia experiencia,* es decir, hablar de cómo generó su violencia; que se refiera a sí mismo y use el término «yo» como parte integral del proceso de violencia. De este modo, la frase: «No es que *yo* sea violento; además ella ya sabe cómo soy *yo*», cambia totalmente la perspectiva de su participación; aunque todavía niega y minimiza su violencia.

Generar su violencia quiere decir que el hombre concibe la idea de ser violento antes de ejecutarla. No es posible ser violento sin una decisión premeditada para serlo. El hombre violento niega su responsabilidad; sin embargo cuando se le pregunta cómo y dónde golpeó, la respuesta es que lo hizo en el cuerpo y «sólo» con la fuerza necesaria para causar un daño que no fuera permanente: «Si le pego con el puño en la cara, la mato», es una respuesta muy común, con la cual comprueba que calculó la fuerza y el lugar donde golpeó. Aunque el hombre ejecuta su violencia muy rápido, no lo hace sin tomar una decisión, aunque ésta también sea muy rápida. La violencia del hombre siempre es calculada cuidadosamente, de manera que cause el daño necesario para imponerse y controlar. Al darse cuenta de que él mismo genera la idea de ser violento, el hombre puede detener su violencia: puede decidir no actuar y, definitivamente, aprender a no tomar decisiones peligrosas.

Admitir que está siendo violento

El segundo aspecto es aceptar que está siendo violento, darse cuenta de cómo comienza, cómo desarrolla y cuándo detiene su violencia. Cuando el hombre dice que «pierde la cabeza» cuando es violento, obviamente está diciendo que no tiene influencia para determinar cuándo comienza, desarrolla y ejecuta su violencia.

Para el hombre, su violencia es un misterio; si no acepta que él mismo genera su violencia, no puede llegar a entender el proceso por el cual llega a ser violento. Para asumir su responsabilidad, el hombre necesita aceptar que él es quien decide ejecutar y detener su violencia. Si el hombre empieza a conocer sus propios procesos y aprende a reconocer cómo decide desarrollar su violencia, está en posición de decidir no llevarla a cabo.

Es importante resaltar que el hombre generalmente detiene su violencia una vez que obtiene el servicio que quería. Es claro que decide exactamente en qué momento su violencia ha sido «suficiente», y entonces decide detenerse. Para dejar de ser violento, necesita reconocer el momento en que toma la decisión de ser violento y cambiarlo: no realizar el acto violento. Al principio, esto requiere un gran esfuerzo porque el hombre ha reaccionado violentamente cada vez que lo ha considerado necesario. Tendrá que romper un hábito que aprendió y puso en práctica durante mucho tiempo. También tiene que aceptar que su riesgo fatal no es una situación de muerte para él; acostumbrarse a que su pareja tome decisiones que en muchas ocasiones estarán en contra de lo que él piensa y, a pesar de esto, también tendrá que aprender a tomar la decisión de no ser violento y buscar conductas alternativas.

Reconocer qué siente antes de ser violento

Siempre existen señales que le indican que va a ser violento; éstas se clasifican en tres tipos: señales externas a él, señales externas que tienen influencia directa en él y señales internas.

❖ Las *señales externas* son indicadores que el hombre puede usar, porque son fáciles de reconocer. Por ejemplo, si sabe que cuando su pareja habla con su ex-novio, él se siente celoso, puede evitar encontrarse en esa situación, simplemente no estando presente cuando su pareja habla con su ex-novio. Si sabe que sus amigos lo apoyan para ser violento, puede evitar el contacto con ellos hasta estar seguro de que no va a cometer actos violentos.

❖ Las *señales externas* tienen *influencia directa en él,* como el alcohol y las drogas. Si el hombre sabe que tiene una mayor tendencia a ser violento cuando toma alcohol, puede dejar de beber. Si sabe que cuando está bajo presión en su trabajo tiene la tendencia a ponerse irritable, puede acordar con su pareja para tener la posibilidad de relajarse antes de interactuar con ella.

❖ Las señales más importantes son sus *señales internas,* pues éstas le dan indicaciones muy claras de la proximidad de su violencia. Por ejemplo, si sabe que quiere mantener su posición de autoridad puede revertir esa idea; si siente que está en riesgo fatal, puede detenerse allí y recordar que no se va a morir; aunque la situación sea muy seria, no lo va a matar. Las dos señales externas se pueden usar para prevenir, pero esta tercera es más peligrosa. Cuando el hombre está en riesgo fatal, se siente atrapado y cree que si no actúa puede morir; sin embargo, incluso en este punto, si se detiene y se da tiempo para reflexionar, se dará cuenta de que la situación no es tan grave y que no necesita ser violento.

Tomar acción para detener su violencia

Una vez que el hombre acepta que él mismo genera su violencia y la ejecuta, puede activarse para dejar de ser violento. Esto requiere, por un lado, reconocer cuándo está a punto de ser violento y, por el otro, todo un proceso de cambio de su mentalidad de superior.

Darse cuenta de que tiene la capacidad de decisión en todo momento es la parte más dolorosa porque ve que sus decisiones han sido destructivas; pero también es muy alentador saber que incluso las decisiones más rápidas y profundas están basadas en él mismo. Esto lo pone en una situación de poder dentro de sí, no fuera; le da una visión diferente de su persona al reconocer que sus acciones están basadas en sus decisiones, lo cual cambia su propia subjetividad y su concepto de sí mismo. Cada decisión se construye voluntariamente, en lugar de ser un proceso forzado por los parámetros sociales y culturales. Esta última decisión es muy importante, porque es la base de su proceso de cambio a un nivel muy profundo: implica concebirse a sí mismo y a la pareja en una forma diferente. Con esto inicia el proceso de cambio que le permitirá dejar de ser violento definitivamente.

Autogestión

Cuando el hombre toma la decisión de no ser violento, todavía necesita dar el último paso para dejar de ser violento, y éste es el más difícil. Hemos dicho que su violencia es el resultado de su necesidad de imponerse como autoridad sobre su pareja, de modo que si empieza a concebir, pensar y tratar a su pareja como igual, no tendrá que ser violento. Este proceso es individual, personal y muy largo. Muchos hombres dicen que han dejado de ser violentos; sin embargo, lo que hacen es tomar la decisión de no lastimar físicamente; pero si continúan con su creencia de superioridad, seguirán ejerciendo violencia emocional y muy probablemente llegarán a la violencia física de nuevo. De hecho, la violencia emocional y verbal aumentan notablemente cuando el hombre suprime la violencia física.

Concebir y tratar a su pareja como igual, es la clave que le asegura que no será violento de nuevo. Sólo él puede cambiar su forma de pensar; ninguna otra persona podría convencerlo o cambiarlo. Por eso el proceso de cambio está basado en que él mismo esté convencido de que terminar con su violencia es algo que en verdad quiere hacer, porque el trabajo de cambiar lo realizará sólo él. Hemos aprendido a creer que la cultura y las relaciones sociales son estáticas y no se pueden cambiar; sin embargo, el hombre puede comprobar la falsedad de esta creencia. Si quiere dejar de ser violento y tratar a su pareja como igual, puede hacerlo, porque sus pensamientos le pertenecen y puede cambiarlos, si tiene los medios para hacerlo.

Aun después de aceptar la responsabilidad por su violencia, el hombre cree que basta con pensar en las soluciones para lograr su objetivo; pero esta posición todavía es la de un hombre-macho-superior. Para dejar realmente de ser violento, necesita empezar a cambiar todos sus espacios y llenarlos de sí mismo; sobre todo, cambiar la relación cotidiana con su pareja. Para tomar decisiones diferentes a las del modelo masculino que aprendió, necesita empezar a poner atención a su cuerpo. El primer paso es darse cuenta de cuándo va a ser violento, pues como dijimos sus señales físicas se lo indican. Necesita aprender a relajarse en este momento, para asegurarse físicamente de que no continuará, aunque sienta que quiere hacerlo. Esto lo coloca en la posibilidad de recobrar sus reguladores ecológicos, específicamente el espacio físico, empezar a entender lo que está experimentando y buscar una respuesta apropiada a la situación. Relajarse le ayuda a hacer una evaluación clara de su experiencia.

Al tomar la decisión de no golpear a su pareja, recupera su espacio intelectual y por lo tanto recupera otra parte de sus reguladores ecológicos, pues ya sus respuestas no son automáticas, sino que se da la oportunidad de razonar por sí mismo con sus propios medios, sin interrupción de las expectativas culturales y sociales. Al dejar de ser violento, el hombre cambia todos sus espacios; empieza a manejarlos de modo más conveniente y entonces puede crear relaciones cooperativas, satisfactorias, creativas y sobre todo seguras; es decir, sin violencia. Con esto cambia su espacio social. Ya no acepta que sus amigos y parientes lo apoyen en su violencia, pues esto tiene repercusiones para él; no acepta manifestaciones de violencia dentro de sus espacios y por lo tanto empieza a crear un medio ambiente muy diferente al que tenía antes. De este modo, también contribuye a cambiar su cultura.

El hombre que empieza a dejar de ser violento, inmediatamente ve un cambio en su percepción del mundo, su percepción de sí mismo y en la relación con su familia. Para empezar este cambio, sin embargo, tiene que aceptar que dejar de ser violento le va a traer beneficios. Es difícil para el hombre aceptar la responsabilidad por sus actos, pues esto requiere no sólo dejar de tener la posición aparentemente cómoda de ser el que manda, sino que implica un gran trabajo que antes no había hecho y que al principio le parece difícil, cansado y tedioso; por ejemplo, no está acostumbrado a dialogar y escuchar a su pareja, ni a participar en el trabajo doméstico, sino a obtener resultados inmediatos con su violencia. Cuando deja de ser violento, necesita aprender que todo esto es un proceso, que no es automático y por lo tanto requiere energía y tiempo. Cuando el hombre empieza a concebir a su pareja como igual, debe tomar en cuenta estos tres elementos y re-aprenderlos, porque ya los conocía de pequeño, pero le falta entender lo que es la igualdad y sobre todo ponerla en práctica.

Entrevista a Raúl

—*¿Cuántos años tienes?*
—Quince.
—*¿Y vas a la escuela?*
—Sí.
—*¿Por qué veniste al programa?*
—En primer lugar, yo soy una persona violenta. Yo no crecí con mi papá; crecí con mi abuelo y él siempre les decía a mis hermanas: «ya va a venir el que te va a patear, te va a jalar el cabello y te va a golpear». Entonces, todas esas creencias que a uno le enseñan desde pequeño, eso me ha afectado a mí, igual que a mi padre. Pero ahora que vengo aquí y lo conozco y sé cómo es él, sé que hay un problema de violencia en mi hogar. Y entonces me hace reflexionar y comprender que esto es una cosa muy seria, esto de la violencia doméstica. Yo he visto cuánto ha sufrido mi mamá y cómo ha

sufrido mi papá por este problema que han tenido. Yo estoy creciendo y sé que algún día yo también voy a tener mi hogar y yo no quiero reaccionar en la misma forma que ha reaccionado mi padre, yo no quiero ser violento. Porque siempre he querido tomar el ejemplo de mi papá, pero sólo las cosas buenas y considero que esto es malo. Si quiero ser como mi padre, esto es algo que no le quiero copiar. Yo sé que Dios un día me va dar mi pareja y él quiere lo mejor para mí; yo no quiero tratarla mal, quiero darle su lugar como mi pareja. Y no sólo eso, también muchas veces con cualquier persona soy violento, y no violento hasta el punto de pegarles, pero estar viniendo aquí me ha enseñado que sólo con una palabra que uno dice, puede ser violento emocionalmente con cualquier persona. Yo quiero ser una buena persona, quiero cambiar esto antes de llegar a un punto de tener que parar donde está mi padre ahora.

—*¿Cuál es el primer episodio de violencia que recuerdas?*

—El primero fue aquí, un año después de que venimos a este país. No recuerdo muy bien por qué pasó.

—*¿Cuántos años tenías?*

—Tenía doce, no me acuerdo bien qué pasó. Pero lo que sí recuerdo es que había un problema... yo llegué, era tarde y había un problema entre mi papá y mi mamá. Estaban alegando, y yo creo que sus palabras les estaban doliendo a los dos. Llegó un punto en que mi hermano no reaccionaba para detener eso y entonces mi papá le pegó a mi mamá con un cinturón. Ese fue el primer caso de violencia que yo vi en casa.

—*¿Y qué sentiste cuando viste eso?*

—Yo me sentí triste porque yo vine aquí... como en Guatemala veía cosas buenas... a mi papá yo no lo conocía; tenía tres años cuando se vino para acá. Entonces oí que estaba en la iglesia y que era una buena persona. Yo esperaba que mi papá fuera diferente; pero al ver esa reacción me hizo sentir miedo y tristeza. Miedo porque pensé y sabía que ese problemita se podía aumentar, que ese problema pequeño podía llegar a más. Y tal vez sentía enojo porque esperaba algo diferente de lo que había pasado. Tristeza, porque sabía que mi madre estaba herida y también mis hermanos. Entonces yo era el más pequeño y a mí me daba tristeza ver eso... tengo tres hermanas y mi mamá; en ese tiempo eran cuatro mujeres en la casa que estaban dolidas por lo que había pasado. A mí eso me daba tristeza.

—*¿Cuándo te diste cuenta de que en tu casa pasaban cosas que en otras casas no?*

—Cuando estos problemas empezaron a pasar en mi casa, yo sabía que otras personas tenían los mismos problemas; pero muchas personas con las que yo iba, o sea los padres de mis amigos, las familias de mis amigos que yo visitaba, nunca vi que ellos pelearan, o sea sus problemas los arreglaban de otra manera.

—*¿Cómo crees que te ha afectado a ti la violencia?*

—Me ha afectado porque, bueno, como hombre que soy, en nuestros países se nos enseña que uno es más que la mujer; a mí me ha afectado eso; muchas veces con mis hermanas yo les exijo y no me tienen que hacer caso, pero hay veces que les pierdo el respeto por eso mismo. Hasta a mi madre, y ahora yo me siento arrepentido por eso, porque bueno... la verdad, todos somos humanos creados por la misma mano, ¿verdad?, y yo creo que todos tenemos el derecho de ser tratados igual. Me ha afectado porque a veces yo he reaccionado así, violentamente. Entonces lo que le ha pasado a mi papá me puede pasar a mí. Esto que le ha pasado es como un llamado para que yo venga y reaccione, porque esto es un problema muy serio.

—*Al principio de la entrevista dijiste que tú eras violento, ¿por qué crees eso, de dónde vino?*

—Bueno, como te dije, desde que yo estaba en el vientre de mi madre, a mis hermanas les decían «ya va a venir el que te va pegar, al que le vas a servir; ya viene el rey de la casa»; entonces, cuando a mí me decían así yo estaba pequeño y lo tomaba en serio. Entonces no puedo negar que soy violento, porque lo soy. Y estoy viniendo a este lugar porque quiero pelear contra la violencia. Yo soy una víctima de esto, me ha dañado mucho emocionalmente y muchas personas piensan que esto es una pérdida de tiempo, pero a mí no me gustaría que mañana las personas que quiero sufran este problema. No solamente mi familia; muchas personas fuera de mi hogar que yo quiero y respeto, no quiero que pasen por eso mismo que nosotros hemos pasado en mi familia.

—*¿Tú crees que si no te hubieras involucrado en este programa o si tu papá no hubiera empezado a venir aquí, habrías repetido la historia de tu papá en el futuro?*

—Sí. Sí, porque la manera en que yo he ido creciendo, como te digo, siempre me han enseñado que yo soy el rey de la casa y con esa manera en que he crecido, en la escuela me hacían algo, y entonces era violento. Yo reaccionaba mal con esa persona; o sea el que me la hacía me la pagaba, ¿me entiendes? Yo siempre reaccionaba así; yo no había oído la historia de mi padre; había oído parte, pero nunca la había oído toda. Incluso yo veo que a mí me está pasando lo mismo que le pasó a él en su niñez, yo considero que a él le ha ido peor porque las consecuencias de la violencia le han caído a él. Y hay posibilidades de que sí se repita, primeramente si este programa no existiera yo no hubiera venido. Ahora también tengo un ejemplo de mi padre, que estamos juntos luchando contra la violencia y cuando yo soy violento, me acuerdo de lo que me han enseñado aquí. Cuando me enojo, cuando espero algo y no se cumple, entonces es natural que uno reaccione así. Pero entonces me acuerdo de que aquí hay algo que llamamos «riesgo fatal». Yo tengo que quedarme en mi «Yo Real» porque puede ser que una vez que no busque a mi «Yo Real», sufra las consecuencias que mi padre está sufriendo. Yo vengo aquí por mi cuenta, porque quiero aprender; pero muchos de los hombres que vienen aquí, como mi padre, vienen por castigo.

—*¿Cuál es la situación en tu casa ahora?*

—La situación ha mejorado y mis padres se llevan mejor; ya no es lo mismo que por cualquier cosita peleaban. También mis hermanas, yo veo que ahora poco a poco tienen el respeto que les había faltado. Esa confianza está creciendo otra vez y esto ha creado un impacto en toda mi familia, empezando por mí.

Es duro saber que muchas personas, por esto que ha pasado en mi casa y en mi barrio, tal vez le tengan desprecio a mi familia o tengan una actitud diferente hacia nosotros, pero a nuestras espaldas hablan de lo que pasó.

También quiero decir que no guardo rencor contra mi padre. Yo comprendo que lo que le ha pasado ha sido difícil; no podemos culpar a nadie porque si nos ponemos a culpar, puede ser el papá de él, el papá de su papá y nunca llegaremos a ver quién tiene la culpa de esto. Al contrario, yo quiero a mi familia y quiero a mi padre, y en ningún momento he guardado rencor contra él. Me siento triste porque ahora puedo ver el error en que yo estaba y también ver las consecuencias. Muchas veces, nosotros como hijos sólo vemos lo que los padres hacen, pero nunca nos fijamos en cómo somos nosotros con ellos. Una vez que crecemos, ya no se puede decir: «Papi, ¿nos podrías ayudar en esto?, ¿podrías salir a jugar con nosotros?» Porque uno pierde cariño hacia su padre, que siempre va a ser su padre, pero uno pierde el cariño.

Ejercicio 5

En este ejercicio usted puede empezar a asumir la responsabilidad por sus conductas violentas.

1. Cuando he sido violento, ¿qué impactos he visto por mi violencia?
2. ¿Cómo ha afectado a mi pareja mi violencia?
3. ¿De qué manera han sido afectados mis hijos e hijas por mi violencia?
4. ¿Cómo me ha afectado mi propia violencia?
5. ¿Crecí en un hogar violento?
6. ¿Alguna vez le ha preguntado a su madre si ella fue víctima de violencia? Pregúntele ahora. Si ella no puede o no quiere responder, pregúntele a otras personas como sus tías, abuela, vecinas, etcétera.

CAPÍTULO 6

El proceso de cambio

El Yo real

*La verdad, cuando yo venía de camino para acá,
decía que por gusto me sacaron de la cárcel; si
me van a meter a una terapia, a meterme quién
sabe qué cosas. Mientras se llegaba el día de venir
al programa, fueron unos días muy tristes para
mí. Sabe cuánto tiempo oyendo cosas por castigo.
Mientras se llegaba ese día, fue duro para mí.
Y ahora me da sentimiento, porque yo estaba
profundamente equivocado. No quería hablar
con nadie el día que vine para acá. Antes de que
alguien dijera cualquier palabra, aquí los demás
compañeros, yo pensaba: «estoy entre puro
delincuente; mejor hubiera preferido estar en la
cárcel»; cosas así venía pensando. «Cuánto tiempo
voy a perder.» Cuánto tiempo que hubiera
aprovechado trabajando, y ahora
me voy a estar aquí metido.*

Ricardo

Para poder dejar de ser violento definitivamente, el hombre
necesita pasar por todo un proceso que empieza cuando decide aceptar la responsabilidad por su violencia. Este proceso
tiene además otros elementos que es necesario analizar.

Para empezar, el hombre tiene que revisar cómo se relaciona consigo mismo y con el mundo, incluyendo a las personas que lo rodean. Necesita definir cómo llega a adquirir
ideas, actitudes, conductas, y cuáles son las que más le convienen para crear relaciones cooperativas. Hasta cierto punto, este proceso es individual; en oposición al patriarcado,

cuya estructura obliga a toda persona a adquirir y poner en práctica creencias machistas de control y dominio.

El proceso de individuación

El primer paso para llegar al *Yo real* es individuarse o separarse de los preceptos culturales y sociales del patriarcado que lo llevan a aceptar conductas violentas y a tener una forma destructiva de pensar. Como él ha sido violento, cree que las relaciones siempre son competitivas, agresivas, destructivas y dolorosas; vive en un paradigma en el que no cree tener otra alternativa: o es violento o lo violentan. No puede dejar de ser violento si piensa que el mundo que lo rodea está lleno de peligros y que puede convertirse en una víctima. Éste es un paradigma del patriarcado, pues la formación interna y externa del hombre fue basada en el castigo y el miedo al castigo. Para el hombre, el mundo es un reto permanente de supervivencia, y siempre es peligroso.

La individuación es el proceso mediante el cual el hombre usa sus propios reguladores ecológicos en lugar de usar los que le enseñaron social y culturalmente: los de la mujer. Para esto, el hombre necesita cambiar dos aspectos: por un lado, su forma de pensar y, por el otro, su experiencia del mundo.

La primera es relativamente fácil, sólo tiene cambiar los conceptos aprendidos. Cambiar su propio pensamiento es muy fácil cuando decide hacerlo; tendrá que adoptar una nueva forma y aceptarla como válida. Tiene que darse cuenta de que su espacio intelectual no ha sido suyo, sino que lo ha puesto fuera de sí para apoyarse en las creencias de superioridad que su cultura y sociedad le han impuesto. Su espacio físico no es más que la representación de una imagen externa de lo que se supone es un hombre; mientras que su espacio emocional ha sido reducido al mínimo, de modo que su mundo interno está totalmente vacío y trata de llenarlo adaptándose a las expectativas sociales y culturales.

Para individuarse necesita separar su forma de pensamiento y acción de las expectativas sociales y culturales, a fin de usar su propia energía para llevar a cabo las tareas que antes le asignaba a su pareja. Para diferenciar sus creencias de las expectativas sociales y culturales, tiene que saber cuándo estas creencias son peligrosas para él y para las personas que lo rodean; es decir, tomar decisiones basadas en sus propias habilidades, deseos y necesidades. Esto implica usar su propia energía y su propio análisis desde una posición en la que el objetivo es crear un equilibrio cooperativo, equitativo y satisfactorio en lugar del control y dominio. Para esto, necesita aprender que la naturaleza, que lo incluye a él, siempre busca estar en equilibrio, de manera que cuando quiera cambiar sus formas de pensar machistas o superiores a cooperativas e igualitarias, obtendrá un equilibrio en el que la energía que usa para satisfacer los espacios externos (social y cultural) podrá satisfacerlo a él también, tanto interna como externamente. Cuando cambia su forma de pensar, cambia su conducta y esto influye en cómo se relaciona con los espacios externos. Reconocer su intención en los intercambios que tiene con el mundo exterior es entonces muy importante, porque si su intención es controlar de nuevo estará destruyendo; pero si su intención es cooperar, entonces estará construyendo. El equilibrio ecológico es un intercambio entre fuerzas inevitables: fuerzas destructivas y fuerzas creativas. Hay ocasiones en que destruir algo resulta creativo; por ejemplo, terminar con una relación dolorosa y conflictiva que seguramente no llegará a ser nutritiva, se deja y «destruye» para obtener una vida más constructiva. En este caso, la intención es crear un mejor nivel de vida, no destruir a la otra persona por lo que hace o deja de hacer. Es inevitable llegar a destruir, pero es muy importante conocer las razones y las bases de la destrucción, pero sobre todo saber que a final de cuentas esa destrucción tiene lugar cuando ya no hay otras posibilidades y cuando esa decisión conduce a algo mejor para la mayoría de las personas involucradas. La masculinidad es exactamente lo opuesto: destruir a las otras personas para obtener lo mejor sólo para sí mismo.

Para cambiar sus creencias, es necesario pasar por experiencias que lo conecten con sus sentimientos, pues si no tiene el contenido emocional no encontará una razón para cambiar. Por ejemplo, muchas mujeres dicen que la violencia contra ellas en el hogar es un problema muy serio y todas nuestras sociedades han rechazado esta idea; pero cuando esta violencia afecta a alguien cercana, a una hermana o amiga, o aparece un estudio en que se confirma que «el 67% de las amas de casa sufre violencia del hombre con quien viven»,[1] algunos hombres deciden revisar y cambiar sus conceptos sobre la violencia intrafamiliar; lo hacen porque son obligados a reconocer la destrucción que su violencia causa, y esto los hace sentir heridos y con miedo.

Cambiar sus expectativas de destrucción

El segundo paso para llegar al *Yo real*, es cambiar su experiencia y expectativas de que el mundo está lleno de peligros que lo van a destruir. Puesto que todo ser humano tiene miedo al cambio, es entendible que probar nuevas conductas le cause miedo al hombre; no sabe qué le puede pasar al poner en práctica conductas y actitudes que no ha experimentado antes. Al cambiar su idea del mundo como un lugar peligroso que debe temer y controlar, por una idea en la que el mundo es una fuente de satisfacción y aprendizaje, el hombre puede empezar a probar nuevas interacciones para después decidir si le convienen.

El hombre ha vivido mucho tiempo en un mundo donde la violencia tiene un gran valor, debido a la idea de que quien controla es el que más poder tiene sobre otras personas

---

[1] Video *¡Ya no más!*, Grupo de Mujeres de San Cristóbal de las Casas, Chiapas.

y tiene los recursos de la comunidad como propios. Nunca antes ha presenciado y vivido formas alternativas de relacionarse, por lo cual cree que no existen. Para cambiar su experiencia del mundo y sus relaciones, el hombre necesita ser flexible; poner en práctica actitudes y conductas nuevas que le produzcan resultados nuevos y en cierta forma inesperados. Esto va contra los preceptos que aprendió del patriarcado-machismo; éste funciona porque provee al individuo una forma estática de referencia de sí mismo en la que no tiene que usar su energía ni sus experiencias para definirse.

Vivir con flexibilidad

Una de las características del machismo es la rigidez («así lo aprendí y así tiene que ser») para poder controlar. Cuando no sabe qué esperar del medio y de otras personas, el hombre se siente desequilibrado, porque esto sólo le demuestra que no es el ser superior que creía. Por eso busca diversas formas de reducir su realidad al mínimo y mantenerla estática, para conservar un supuesto equilibrio impuesto por él; por ejemplo, al restringir la vida social de la pareja o de la familia.

El hombre necesita aprender a vivir con cierto nivel de ambigüedad, porque al ser flexible acepta que el mundo y las personas que lo rodean pueden tomar decisiones inesperadas y, en muchos casos, opuestas a las suyas.

Aceptar y apoyar las diferencias

La aceptación y el respeto de las diferencias es el siguiente componente necesario. Cuando el hombre pretende imponerse como superior, no acepta diferencias porque éstas le indican que no es omnipotente. Entonces trata de eliminar esta individualidad propia y la de otras personas y reemplazarlas con las características que él impone porque cree que así será más fácil controlarlas. Lo primero que el hombre controla es la individualidad de la mujer, pues al quitarle su individualidad ella tiene que buscar parámetros de conducta dictados por el hombre. «Sólo dime cómo quieres que yo sea», es una frase con la que la mujer, cansada de órdenes y conductas contradictorias, se da por vencida y acepta que su individualidad no es importante. El hombre continúa con las contradicciones para que ella siga bajo su control. Si el hombre acepta que su pareja es un ser diferente a él, que es capaz de tomar decisiones por sí misma y que éstas pueden ayudarle a él a aprender algo nuevo, estará empezando a crear relaciones equitativas y no violentas.

El hombre se queja de estar aburrido en el mundo y busca experiencias extremas porque no cree que las sutilezas del proceso de creación sean importantes; esto ocurre cuando sus reguladores ecológicos finos han sido suprimidos. Por eso el hombre se emborracha, trata de tener sexo con muchas mujeres, maneja con imprudencia; espera que todo se le dé completo para disfrutarlo lo más pronto y lo más intensamente posible, sin tener en cuenta las necesidades y deseos de la mujer o de las otras personas. Cuando surgen cambios, no es capaz de aceptarlos; por ejemplo, si la mujer decide trabajar o usar minifaldas, él ve esta decisión como una forma de tratar de separarse de él, aunque la razón sea exactamente la opuesta; prefiere que ella se deje controlar y se vista como él quiere. Esto le da a su mundo un sentido estático que le resulta aburrido, pero que le permite predecir la conducta de quienes lo rodean.

Cuando aprende a respetar y a apoyar las diferencias, busca las razones positivas por las que la otra persona toma esas decisiones; de este modo, en lugar de verlas como una amenaza o reto a su autoridad, las percibe como formas de crecer y aprender.

Para respetar y apoyar estas diferencias es necesario validarlas con la misma importancia que tienen para la pareja. Él puede darle a las ideas, acciones, valores y sentimientos de su pareja, la misma importancia que ella le da a estos aspectos. Por ejemplo: si para la pareja es muy importante estudiar una lengua o buscar un trabajo, él necesita validar ese entusiasmo porque es algo muy importante para ella. No necesita juzgar ni dirigir a la mujer; sólo tiene que darle el apoyo: validar, es decir, aceptar que las decisiones de ella tienen mucho valor.

Satisfacer sus propias necesidades

El último paso es aprender a satisfacerse a sí mismo, a su pareja y al medio ambiente. Para eso es necesario aprender a valorar a las personas con sus individualidades y potencialidades; dejar de actuar como el único que sabe qué es lo mejor para su pareja y otras personas, y aceptar que en muchas ocasiones no sabe lo que su pareja quiere. En lugar de controlar, puede apoyar las decisiones de su pareja aunque esté en total desacuerdo. Si antes trató de mantener su mundo estático para poder controlarlo, ahora tiene que aprender a aceptar cambios que pueden ser muy radicales para él. Estos cambios son básicos para el proceso de vida, pues si el ser humano se mantiene estático, anula sus capacidades de aprendizaje y desarrollo.

Satisfacer implica tomar una actitud de apoyo incondicional a las decisiones y conductas de otras personas, especialmente las de su pareja. Para apoyar a su pareja necesita saber que él mismo tiene los elementos necesarios para sobrevivir en una forma totalmente satisfactoria. Si el hombre cree que no puede ser feliz por sí mismo, no podrá satisfacer a su pareja porque esperará que ella sea su generador de alegría y por lo tanto no usará su propia energía para satisfacerse. Cuando el hombre aprende a darse a sí mismo lo que necesita, también es capaz de satisfacer a su pareja. El sistema machista le ha enseñado que, mientras menos energía gaste para apoyar a otras personas, más beneficios obtendrá, porque puede emplear esa energía para controlar y obtener servicios, con lo cual evitará participar en tareas que supone son aburridas o simples. Sin embargo, al llenarse de su propia energía y estar en disposición de nutrirse, el hombre se da cuenta de que esas tareas que ha desechado como inútiles, son esenciales para la supervivencia, y que lo importante no es la complejidad de la tarea, sino su habilidad de verla como una forma de satisfacerse y satisfacer a quienes lo rodean. De aquí surge la alegría de aceptar las diferencias y apoyarlas, para así tener la oportunidad de vivir experiencias interesantes. Cuando controla y mantiene a la mujer pasiva se aburre, pero cuando la apoya en los cambios y proyectos que ella quiere desarrollar, él mismo se beneficia de esas experiencias, porque al compartir con ella aprende cosas nuevas e interesantes. Es muy común que el hombre tenga interés en pocas cosas porque si son nuevas y no las entiende ya no es superior: están fuera de su control; pero al ser flexible, aceptar las diferencias y tener interés en cosas desconocidas, aprende nuevos parámetros que pueden resultar excitantes y divertidos.

En muchas ocasiones, el cambio implica cierto dolor, porque es necesario dejar sus antiguos valores y creencias para adquirir otros nuevos. Pasar por experiencias de dolor y alegría le ayuda a usar sus reguladores ecológicos en una forma cada vez más compleja y por lo tanto a vivir mejor. Al poner en práctica su flexibilidad, respeto, aceptación, validación y apoyo puede pasar a diferentes niveles de crecimiento que lo ayudarán a vivir de manera más creativa y fácil.

Por ejemplo, el hombre puede haber pasado muchos años viviendo de recuerdos o fantasías de que pudo ser campeón de un deporte o directivo de una compañía o un hombre muy rico; puede vivir de esperanzas sobre el futuro, pero estos deseos son sólo imágenes que no le ayudan a tener una vida mejor. Por otro lado, puede tomar sus experiencias y aceptarlas como parte de un proceso que está viviendo, terminó o aún no existe y esto le dará posibilidades de crear un camino mucho más satisfactorio. También puede pasarse la vida controlando y siendo violento con la mujer para que no lo deje, pero esto sólo le quitará energía. Si acepta que no puede controlarla y entiende su decisión de separarse de él, aunque en ese momento le resulte doloroso, podrá prepararse para no imponer nuevamente estas injusticias y de allí en adelante tener relaciones más satisfactorias para sí mismo y quienes lo rodean.

El proceso de cambio implica, por un lado, cambiar sus procesos de pensamiento al individuarse y, por el otro, modificar sus experiencias y conductas: aprender a ser flexible, validar y apoyar incondicionalmente a su pareja y en toda situación.

Entrevista a Ricardo (primera parte)

Puede pasar mucho tiempo para que yo te diga cómo caí en mi acto de violencia, pero sé que nunca es tarde para comprender que... cuando cometí mí acto de violencia, ya había destrozado a mi esposa con las palabras. Pero poner mi mano sobre ella fue terrible, porque fue delante de mi hija y delante de otras personas que estaban en la casa, que viven allí con nosotros. Yo destapé la olla para ver qué había de comer y nada más vi la olla negra, porque la comida que ella estaba cocinando era negra. Yo no sentí ningún atractivo ni apetito por la comida que ella estaba preparando y decidí ir al refrigerador para buscar algo mejor. Saqué un poco de pollo para cocinarlo yo, y sencillamente ella reaccionó porque no estaba de acuerdo en que yo le despreciara la comida. Fue una cosa que sentí inmediatamente que si yo le daba lugar en ese momento de no dejarme hacer lo que yo estaba haciendo, y me dije: «ella se va a montar en mí para siempre», porque había muchas personas. Tengo que demostrarle ahora que sigo siendo el macho, que yo mando en la casa; tengo que demostrarle, ahora es mi oportunidad. Cuando insistí, ella todavía quiso quitarme lo que yo tenía en las manos: el cuchillo y el pollo; entonces la golpeé, la golpeé con el pollo que tenía en la mano y la saqué de la cocina a empujones. Ya me sentía turbado, y ella se paró en la puerta de la cocina para la puerta de la sala; se paró y me dijo unas cosas que acabaron conmigo, si se puede decir. Sobre que la había sacado de la cocina golpeándola. Con las palabras que ella me dijo, me volví a sentir ofendido y entonces pasé cerca de ella y la fui a seguir al otro cuarto; pasé junto a ella buscando algo con que calmarla, según yo. Y un cinturón de seguridad que tengo, con toda la intención de golpearla. Pero dije: «no, no vale la pena mancharme las manos con esta mujer que no vale nada.» Cogí mi cinturón que acostumbro para amarrarme el pantalón y me fui sobre ella cuando ella estaba indefensa; cuando todos creían que yo ya me había metido al cuarto a descansar. Me abalancé por su espalda y le puse un fajazo atravesado en la espalda y hasta le reventé la espalda. Cuando ella se movió del dolor, el fajazo se le marcó como dos heridas, una herida en cada pulmón, así cruzado. Yo sentí que mi vida se había acabado en ese momento. Le dije a mi hija: «llama a la policía», y mi hija corrió al teléfono. Mi hija es joven, para entonces tenía 18 años. Yo la vi perfectamente cuando marcó el teléfono y todavía mi esposa le dijo: «no lo hagas». Yo le dije: «hazlo».

Yo me preparé para que me llevara la policía. Yo no quería tener problemas aquí, pero tampoco quería parar mi violencia en mi hogar. Creo que mi esposa estaba dispuesta a seguir ocultando mi violencia; yo la tenía dominada a tal punto, que a pesar de lo que le hice, tal vez ella nunca se hubiera animado a llamar la policía. Gracias a Dios mi hija tuvo el valor de marcar el número de la policía. Me puse una ropa cómoda porque yo sabía que iba la cárcel, adonde yo no quería ir nunca. Pero donde era mi verdadero lugar.

Cuando los agentes llegaron, entró un agente; los demás estaban esperando afuera. Fue muy duro para mí que me encadenaron en frente de mi familia. Pero más duro fue salir a la calle. Hubo algo que me dolió mucho, y fue cuando el policía dijo: «no dejen de ir mañana a la delegación para tomarles unas fotos; también tienen que declarar.» En ese instante, se volvió a encender mi furor y ya llevaba yo esas palabras que el policía les dijo: «no se olviden de ir mañana». Recuerdo cuando mi hija hizo un gesto y las otras dos personas que estaban allí hicieron un gesto de afirmación, diciendo que sí, que iban a ir al día siguiente.

Cuando salí a la calle esposado, había mucha gente. Porque ahí donde yo vivo, vivían personas que hacían cosas ilegales. Pero que en la comunidad ya estaban esperando que se los llevaran a la cárcel. Cuando vieron las patrullas y a los agentes de migración en la calle, creo que todo mundo esperaba que se los llevaran. Pero cuando salí yo, fue un golpe muy grande sentir sobre mí las miradas de mis vecinos; no creían que era esa persona, sino la buena persona que todo mundo conocía. Se me deshizo la sangre completamente; sentía que me iba a morir ahí. Todavía recuerdo las palabras del oficial de migración que le preguntó al policía: «¿tiene este *green card*?»[2] Y el oficial de policía le mostró la faja que llevaba en la mano y dijo: «aquí está su *green card*», delante de los ojos de muchas personas. Y esa acción del oficial de policía me dolió tanto como las palabras que había dicho ella. Es duro para mí haber entrado a la patrulla. Pero más duro fue allá adentro de la cárcel cuando llamé a mi hija y me confirmó que ya habían ido a declarar y que ya les habían tomado fotos. Todavía le dije: «¿para qué fueron? No tenían que haber ido.» Ella me contestó: «Nosotras sólo dijimos lo que vimos. Eso fue todo lo que hicimos; no se alarme». Sentí la muerte sobre mí esa vez que hablé a la casa y mi hija me dijo que no quería seguir hablando conmigo y cortó la llamada.

Entrevista a Luis (primera parte)

—¿Puedes platicarme un acto de violencia que hayas cometido?
—El que me trajo al programa, el de la última vez, fue uno de los más grandes, aunque no de los más peligrosos. Anteriormente, en dos ocasiones había intentado matar a mi compañera; una vez le puse un cuchillo en el cuello, y le dije que la iba a matar. Después fue cuando vine al programa. Yo llegué como a eso de las ocho de la noche la casa. Llegué tomado a la casa y mi compañera me preguntó dónde había andado, por qué llegaba tarde. Me puse a discutir con ella, le dije que no tenía que decirme nada, que yo hacía lo que quería con mi vida. Le dije cosas y me dijo cosas; entonces decidí salir de la casa y me fui a tomar a una cantina. Me emborraché

---

[2] Permiso de residencia permanente para extranjeros, en Estados Unidos. [N. del E.]

y salí hasta que cerraron la cantina, a las dos de la mañana. Me fui a la casa y cuando llegué, al abrir la puerta, mi compañera no estaba ahí, ya se había ido del departamento. Se me ocurrió que el cuñado de ella, vivía con su hermana en el departamento de al lado, y me imaginé que ahí estaba. Fui a tocar la puerta al otro departamento y salió a abrirme el cuñado de ella. Le pregunté si mi compañera estaba ahí. Me dijo que no. Le dije: «pero cómo no va a estar aquí; si yo vi sus cosas en el pasillo. Cómo no va a estar aquí si ahí están sus cosas.» Me dijo: «sí, pero ella no está aquí.» Entoces le dije: «pues voy a entrar para asegurarme de que no está», y el dijo: «a mi casa no vas a entrar». Yo le dije que sí iba a entrar. Comencé a caminar para adentro de la casa, y él se hizo para atrás. Entonces me dijo que estaba invadiendo su casa, que por eso me podía meter preso. Le dije que yo no le tenía miedo a la policía. Que la culpa era de él por darle dónde quedarse a mi compañera. Entonces seguí caminando para adentro, vino y me pegó un empujón para afuera. Tenía razón, yo estaba invadiendo su casa. Cuando me empujó, yo me enojé y le dije que ahora sí iba a entrar para buscarla. Le di un empujón y se fue para atrás. Me dio un golpe en la cara; allí me enojé más y comencé a golpearlo. Le di como quince o veinte golpes. Lo dejé tirado en el pasillo y me fui para adentro del cuarto, donde estaba mi ex-compañera. Ella estaba sobre la cama, pegada a la pared, temblando de miedo. Yo le dije que viniera conmigo. Me dijo que no. Entonces fui y le dije que se iba a venir conmigo. Ella me dijo que no de nuevo. Me enojé más en ese momento; me subí a la cama, la jalé del cabello y me la llevé prácticamente arrastrando. Su otra hermana estaba allí y me gritaba que la dejara. Yo le dije que no, que ella se iba a ir conmigo. Le di dos o tres golpes a mi ex-compañera en ese momento y la jalé del cabello. Cuando estaba haciendo esto, llegó el cuñado de ella de nuevo, me dio un golpe por detrás, entonces lo agarré de nuevo y lo comencé golpear otra vez. En eso, mi ex-compañera corrió y se fue con unos vecinos. Yo seguí golpeando al muchacho, lo saqué de su casa y lo tiré por la escalera. Bajamos dos escalones dándonos golpes. Cuando íbamos para abajo, de un golpe que le di se cayó y se fracturó la nariz. Entonce yo dije: «bueno, ya es suficiente». Dejé de pelear, me fui a mi departamento y dejé a mi ex-compañera con los vecinos. Cerraron la puerta con llave, ya no abrieron. Esta persona quedó tirada en las escaleras, y yo me fui para mi departamento.

Me llevaron a la cárcel y estuve ahí diez días. Mi ex-compañera fue a retirar los cargos porque quería regresar conmigo después de eso. A su cuñado lo mandé a amenazar desde la cárcel. Le mandé decir que por él estaba ahí y que cuando saliera lo iba a matar. A él le dio tanto miedo que cuando salí ya se había ido a su país. Y regresé con mi ex-compañera otra vez. Mi violencia continuó como por un año más, hasta que la corte me mandó al programa. Yo fui una o dos veces y me salí del programa. Luego volví a ir y a salir y ya después que me quedaba un poco más, fue que tú me sacabas. Después de tres años de estar entrando y saliendo del programa el juez me dijo que si no cumplía, me iba a meter a la cárcel de nuevo. Al último terminó gustándome el programa. Me di cuenta de que era un cambio benéfico para mí y entonces me metí de lleno.

Ejercicio 6

Este ejercicio puede ayudarle a saber si usted se guía por su *Yo real* o por los condicionamientos sociales y culturales:

1. ¿Deseo ser violento con mi pareja?
2. ¿Creo que es natural que el hombre sea violento con su esposa?
3. ¿Tengo miedo de la violencia propia y de otras personas?
4. Si he sido violento, ¿me siento herido o triste por eso?
5. ¿Tengo dificultad para pedir lo que realmente deseo o necesito?
6. Cuando mis amigos me invitan a tomar alcohol o drogas, o a hacer algo que me daña, ¿me cuesta trabajo decir no?

Si usted respondió que quiere ser violento con su pareja, que es natural ser violento con su pareja, que no tiene miedo a la violencia y que no se siente triste por haber sido violento, usted no está basándose en su *Yo real*. Si le cuesta trabajo pedir lo que necesita y decir *no*, usted está aceptando que su sociedad y su cultura son más importantes que las necesidades de su *Yo real*. En este caso, necesita conocer su *Yo real*. Existen varias formas de hacerlo:

1. Aclarar para usted mismo su propia filosofía y reconocer si apoya la violencia o no (es decir, si está de acuerdo con el uso de la violencia como el único medio para solucionar los conflictos). Use este libro como guía.
2. Puede incorporarse a un programa para hombres que deseen dejar de ser violentos.
3. Puede empezar un proceso de psicoterapia.

La manera ideal para encontrar su *Yo real* y dejar de ser violento sería participar en un programa contra la violencia, pero las otras opciones también pueden ayudarle. Lo importante es que comience a trabajar para dejar de ser violento.

La construcción
de la equidad

*Que se den cuenta de que no es normal lo que
están viviendo. Que no ver como igual a otras
personas, no es normal.*

Luis

Una vez que el hombre es capaz de entender que vive en un mundo excitante y satisfactorio, y está seguro de que la intención de su pareja (y la suya) no es destruir, entonces puede empezar a poner en práctica el elemento que lo llevará definitivamente a dejar de ser violento: la igualdad con su pareja. Como dijimos, la igualdad no se puede poner en práctica cuando el hombre cree que va a ser destruido, así que si se concibe a sí mismo, al mundo en el que vive y a su pareja como algo placentero; la idea de cuidarse constantemente ya no es necesaria. Ahora puede probar nuevas formas de pensamiento, actitudes y conductas. Si el hombre quiere pensar que su pareja es igual a él en términos de derechos, capacidades y necesidades, no será violento. Si sus actitudes hacia su pareja son de igualdad, cooperación y apoyo, obviamente no tiene por qué ser violento. Cuando practica conductas de igualdad apoyando y impulsando a su pareja, está construyendo una relación cooperativa y democrática donde ambos obtienen lo mejor de esa relación.

Esta igualdad requiere incluir los elementos del proceso de cambio. Pero primero vamos a analizar qué es la igualdad y después veremos cómo ponerla en práctica.

La Real Academia de la Lengua Española define el término *igual* como: «de la misma naturaleza, cantidad o calidad de otra cosa. Muy parecido o semejante. Proporcionado, en conveniente relación. Del mismo valor o aprecio. De la misma clase o condición.» Igualdad es también: «conformidad de una cosa con otra en naturaleza, forma, calidad o cantidad. Correspondencia, proporción que resulta de muchas partes que uniformemente componen un todo.» Con base en esta definición, para que el hombre detenga su violencia, primero tiene que aceptar que su pareja tiene correspondencia (equivalencia) o proporción con él en términos de su naturaleza, calidad y cantidad. Su naturaleza no es diferente de la de su pareja; son seres humanos con características totalmente proporcionales. Por ejemplo, un hombre realmente no podría tener una relación con una persona que no hable el mismo idioma porque no se entenderían. La calidad humana del hombre también es proporcional o similar a la de su pareja. No podría tener una relación íntima con otro organismo que fuera totalmente diferente. Al hablar de proporción y similitud queremos decir que aunque cada ser humano tiene características individuales diferentes, éstas no son menos o más importantes que las de los demás. Por ejemplo, si una mujer habla ruso, no quiere decir que por esto ella es menos o más que el hombre que habla castellano; la importancia de sus experiencias es equivalente o proporcional para cada uno.

Cuando hablamos de igualdad, nos referimos a pensar, tener actitudes y conductas de igualdad con la pareja. Igualdad entonces es percibir, tratar y actuar hacia la pareja desde una postura en la que aceptamos que tiene el mismo valor, cualidades, necesidades y derechos que tiene el hombre. Podemos dividir el proceso de igualdad en tres partes: pensamiento, actitudes y conductas.

Pensar en la pareja como igual

Es necesario tener un concepto interno, es decir, creencias y pensamientos con los que se percibe a la otra persona con correspondencia y proporción con uno mismo; con igual valor, derechos, habilidades, necesidades y capacidad de decisión. Todo pensamiento del hombre tiene que contener estos elementos de igualdad con su pareja, para que pueda ser puesto en práctica. Muchos hombres cuando entran en programas se asustan por su violencia, otros creen que con sólo pensar en no ser violentos o aprender técnicas básicas van a detener su violencia; sin embargo, aunque se prometan no ser violentos nuevamente, si siguen pensando en una forma degradante de la mujer, es obvio que continúan y continuarán su violencia. El hombre tiene que aceptar que su pareja tiene el mismo valor que él.

Este cambio a la igualdad resulta tan difícil porque el hombre está acostumbrado a pensar en una forma dicotómica, y también ve diferencias físicas que supuestamente le aseguran que, como es diferente, debe ser superior.

Todos los pensamientos tienen una base individual y personal; pero, sobre todo, son asignados social y culturalmente. Para cambiar sus pensamientos y creencias, es necesario que los analice de acuerdo con sus parámetros personales para ver si le convienen y decidir si los acepta o no. Por eso hablamos de individuación social y cultural, pues mientras no aprenda a tomar decisiones personales y se atreva a ir contra la aceptación y el apoyo social de su supuesta superioridad, no podrá dejar de ser violento.

Para asumir la responsabilidad de dirigir su pensamiento, requiere tener los elementos de cambio para decidir, desde su *Yo real*, la dirección de sus pensamientos o creencias. Estos elementos son:

1. Saber qué otras opciones existen, además de los mandatos sociales y culturales de masculinidad que aprendió.
2. Aprender a conectarse con sus emociones para saber si esa forma determinada de pensar o creer le causa dolor o alegría.
3. Por último, poner en práctica este nuevo pensamiento.

Dentro del machismo o la masculinidad, se supone que todo análisis tiene que ser sólo mediante el pensamiento. Los parámetros de análisis del hombre-macho son lineales y limitados, especialmente cuando tienen que ver con relaciones humanas. Cuando ignora la relación emocional que tiene hacia un pensamiento, éste no está basado en los todos los reguladores ecológicos y carece de amplitud, que es lo que le daría validez. Para poder cambiar sus creencias, necesita analizar si ese pensamiento o creencia lo hará sentir herido o alegre, y al ponerlo en práctica verá los resultados. Coordinar sus espacios intelectual y emocional, es la forma en que puede recobrar su capacidad para usar sus reguladores ecológicos y tomar decisiones basadas en sí mismo, es decir, guiarse por su *Yo real*. Si hace esto no será violento, porque sus reguladores ecológicos no lo apoyarán en esto, como hacen las expectativas sociales y culturales.

El segundo factor de cambio es usar su propia energía. Hasta ahora, la energía que ha usado es la de los mandatos sociales, culturales y, sobre todo, la de su pareja. Cuando recupera sus espacios intelectual, físico y emocional, tiene la energía suficiente para cambiar sus espacios social y cultural. Al no necesitar su energía para controlar a otras personas o eventos fuera de sí, tiene esa energía disponible para apoyarse a sí mismo, satisfacerse y decidir cómo quiere llevar sus relaciones con las personas y eventos que lo rodean. Al usar su propia energía, el hombre puede ser honesto consigo mismo y decidir cuál es realmente su intención al usar determinada creencia y pensamiento: ¿realmente está aceptando que su pareja es igual; o sólo lo dice externamente, pero en el fondo no lo cree así? El hombre tiene que revisar su intención constantemente y decidir de dónde proviene. Si acepta honestamente a su pareja como igual, entonces está listo para poner en práctica estos pensamientos y creencias de igualdad y tratarla como su igual.

Actitudes igualitarias

Tener una actitud interna de igualdad es imperativo: de aquí surgirán conductas satisfactorias, cooperativas, de apoyo y de igualdad. El diccionario define actitud como «una disposición de ánimo en alguna forma manifestada.»[1] Las actitudes son la formas de captar y comparar las experiencias para analizarlas, responder internamente y expresar las posiciones propias. Existen actitudes internas, mentales y emocionales, y externas o físicas. El hombre que quiere mantener autoritarismo y prepotencia, tiene que hacerlo mediante actitudes; por ejemplo: no sonreír, mostrarse duro y amenazante, etcétera. Si la mujer le pregunta o hace algo, inmediatamente toma una actitud de superioridad interna («yo lo sé todo y qué bueno que me pregunta antes de hacer tonterías») y externa (la mira directamente; aparenta estar ensimismado en sus pensamientos para impresionarla; la ve como alguien inferior a él y le da una respuesta sencilla o condescendiente para que entienda). Como superior, cree que debe tener una posición o actitud de juzgar lo que es mejor para ella y persuadirla para que sus decisiones sean acordes con lo que él cree, es decir, decide por ella. Estas actitudes de prepotencia machista son violentas porque afectan emocionalmente a la pareja, a la vez que lo alejan de la posibilidad de crear relaciones igualitarias. Si no está dispuesto a cambiar estas actitudes, no podrá dejar de ser violento.

Tener actitudes igualitarias significa aceptar la experiencia, deseos, necesidades y pensamientos de la pareja con la misma importancia que los suyos propios, sin juzgarla; además, apoyarla como ser individual. Recibir la información de la pareja abiertamente y responder apoyándola aunque no esté de acuerdo. Si la pareja dice o hace algo, el hombre puede tener una actitud de aceptación («si me está diciendo algo, quiere decir que es importante para ella; por lo tanto, voy a escucharla») y esperar para responder, *si ella lo desea* (es decir, el hombre se relaja físicamente y acepta lo que escuchó).

Cuando llegue a este punto, realmente estará cambiando todo su sistema de creencias y su relación social con su pareja; estará apoyando el poder de ella y obviamente la estará enriqueciendo.

---

[1] Real Academia de la Lengua Española, *Op. Cit.*

Conductas igualitarias

Cambiar sus conductas violentas después de haber cambiado sus actitudes es muy fácil, pues el medio ambiente es propicio y su pareja merece ser apoyada en todo lo que quiere hacer. De nada sirve cambiar sus conductas y dejar de golpear físicamente a la mujer, si las actitudes del hombre siguen siendo amenazantes y violentas emocionalmente. Cuando cambia su forma de pensar respecto a la mujer y acepta que ella es igual, traduce estos pensamientos en conductas muy diferentes a las que antes tenía. Esto es evidente en la manera en que el hombre interactúa con su pareja; por ejemplo, cómo le habla; si la llama por su nombre o le dice apodos; si se refiere a ella como su propiedad; si la piensa como una incapaz, obviamente no está siendo igualitario. Para que exista la igualdad (en cualquier relación), es necesario tener un concepto de la pareja en la que ella tiene la decisión final de cómo usa todos sus espacios, porque ella tiene los medios necesarios de análisis; además, todos sus procesos tienen para ella la misma importancia que para el hombre tienen los propios. Al tener actitudes de igualdad, el hombre cambia su forma de relación con los espacios de la pareja y por lo tanto su conducta hacia ella.

Una vez que ha comenzado todo un proceso interno de igualdad, sólo le falta poner en práctica conductas nuevas en su relación. Estas conductas son de participación democrática y de apoyo mutuo. Participa en las labores del hogar; los recursos se usan en una forma equitativa; acepta su propia individualidad y la de la pareja; apoya sus ideas y decisiones y, sobre todo, resuelven las diferencias de manera que ambos queden satisfechos. Es más fácil adoptar conductas cooperativas cuando ambas personas están de acuerdo; sin embargo, cuando hay divergencias es cuando realmente necesitan practicar la igualdad.

Uno de los mitos de las relaciones es que la pareja es indestructible, pero en cierto momento esta pareja dejará de existir: por muerte de alguno de los participantes, por decisión de ambos o de uno de ellos. Este proceso de separación puede hacerse mediante la participación y cooperación; si alguno de los dos, o los dos integrantes de la pareja, no están satisfechos con la relación pueden llegar al acuerdo de disolverla, como la mejor manera de satisfacerse ambos, aunque el proceso resulte doloroso.

Para obtener todos los elementos de la igualdad, es importante saber cómo procesar lo que ambos están viviendo individualmente y en su relación; es necesario ser sensible a los espacios de la otra persona para no invadirlos y causar destrucción. Esta forma de conducirse es precisamente la base de una relación cooperativa e igualitaria. Debido a que todos los miembros de un grupo social presentan diferentes necesidades de espacio, la clave para mantener cooperación es aprender a compartirlos mediante acuerdos. Toda interacción social está basada en acordar la naturaleza de esa interacción, y dichos acuerdos son la base para mover las fronteras de los espacios que cada una de las partes necesita. Las fronteras o límites son maneras de mantener los espacios personales indispensables para una supervivencia satisfactoria de las personas. Cuando el hombre acepta la individualidad de la pareja, debe aprender a no entrar en los espacios de ella a menos que lleguen a un acuerdo mutuo. El proceso de acordar cómo, cuándo y por qué se van a mover las fronteras, es la primera parte importante de la cooperación; para la mujer, ésta es una forma de prevenir que el hombre la destruya, y para el hombre es una manera de apoyar a su pareja.

Poner en práctica la igualdad

Muchos hombres violentos dicen que ellos no aprendieron y no tienen creencias y actitudes sexistas o machistas, pero si éste fuera el caso, no serían violentos. Es más fácil decir que no se tienen determinadas actitudes que mostrarlas en la práctica: esta práctica es la clave para saber si realmente se está tratando a la pareja como igual. En este sentido, la referencia o el indicador más certero para saber se estamos siendo igualitarios, es la propia experiencia u opinión de ella.

Dado que la violencia se define como invasiones de los espacios de la pareja con el objetivo de dañarla y controlarla, el opuesto debe ser lo que conduce a dejar su violencia. El concepto opuesto a superioridad no es precisamente inferioridad. El feminismo nos ha enseñado que nuestros conceptos están teñidos del pensamiento patriarcal, de manera que la dicotomía superior-inferior sólo admite una forma de relacionarse, y no considera otras posibilidades: ésta es la inflexibilidad del patriarcado. Desde una postura pro-feminista, vemos que existen otras posibilidades que nos abren otras dimensiones de análisis. De aquí surge el opuesto a la unidad superioridad-inferioridad: la igualdad. El concepto opuesto a violencia es mucho más complejo de lo que hemos aprendido.

Con base en la definición de violencia que hemos usado, podemos decir que su opuesto es la intimidad, que es compartir espacios mediante acuerdos y permiso con el objetivo de apoyar y cooperar con la pareja. Cuando el hombre llega al establecimiento de acuerdos para compartir los espacios y mantiene las fronteras de la pareja y las propias para satisfacción mutua, está creando una relación cooperativa, democrática y de igualdad. Si el hombre pone en práctica esta intimidad, estará construyendo una mejor relación. Por bastante tiempo, muchos hombres han creído que la base de su relación con las mujeres debe ser controlarlas y obtener sus recursos; esta nueva propuesta de relación está basada en compartir, apoyar, aprender, permitir y validar la individualidad, usar su propia energía y cooperar. Vamos a analizar cómo se comparten los espacios.

Compartir los espacios íntimamente

El espacio emocional es el más importante, pues las emociones son las respuestas internas a las experiencias vividas y son un mecanismo de supervivencia del ser humano. El hombre necesita aprender que las emociones son muy importantes para sobrevivir y, a partir de esto, tomarlas en cuenta tanto en su pareja como en sí mismo. Este proceso es muy difícil porque a los hombres nos enseñaron a creer que las emociones son algo que estorba; por eso es necesario aprender a darles su justo valor necesario en nosotros mismos para poder validarlas en la pareja. Para ser íntimo en el espacio emocional, primero hay que saber claramente qué sentimos y después compartir este sentimiento. En ningún momento hemos dicho que las relaciones son fáciles y que la relación no tendrá problemas; sin embargo, es muy diferente resolver estos problemas mediante la violencia que resolverlos íntimamente. El hombre puede compartir lo que siente con su pareja y si lo hace desde una posición igualitaria de cooperación y apoyo, la interacción resultará positiva para ambos. En una relación igualitaria, si el hombre desea expresar sus emociones, tiene que estar dispuesto a escuchar también las de su pareja con una actitud individuada y cooperativa aunque no esté de acuerdo con lo que escucha y o le cause dolor emocional.

Es necesario aprender a superar su dolor emocional y esto se logra al saber qué lo hiere, por qué, y al usar su propia energía para sanarse y satisfacerse. Esto es la base del proceso de regulación ecológica, en el cual los organismos actúan reconociendo sus recursos para la supervivencia y poniéndolos en práctica. Al tratar de usar su superioridad para sobrevivir con los recursos de la mujer, el hombre deja de utilizar sus propios reguladores ecológicos. Necesita cambiar de actitud y aprender a usar sus propios recursos (sus reguladores ecológicos) para recuperar su poder.

Por otro lado, también dejó su habilidad de sentir alegría y cultivarla. El hombre busca recibir alegría de la mujer mientras él se queda pasivo esperando recibir esa alegría. Con su mentalidad de obligar al mundo a permanecer estático, el hombre cree que llegará a un momento en el que todo le funcionará perfectamente y tendrá el control total. Cuando acepta que el mundo es dinámico y cambiante, gasta una gran cantidad de energía para mantener su alegría resolviendo la fricción de los problemas o dolores que los cambios producen, en lugar de oponerse a los cambios. La alegría nace de participar en el mundo en una forma energética; del mismo modo que el ejercicio es una forma de crear más energía y salud, mantener una actitud de deseo de aprender y procesar las experiencias y emociones produce más energía para el hombre.

Cada persona tiene emociones diferentes y ninguna persona puede entender las de otra persona. El hombre tiene que aceptar que las emociones de su pareja (aunque sean diferentes) son tan válidas e importantes como las suyas. Si usa su propia energía, es decir, si está individuado, le será más fácil validar, apoyar y aceptar las emociones de su pareja, pues cada quien vive diferentes experiencias aunque estén en el mismo tiempo y espacio. Son las diferencias las que pueden compartir, aunque hemos aprendido que mientras más similares seamos a nuestra pareja, más fácil será la relación. La equidad no significa ser idénticos, sino tener similitud y correspondencia.

La cotidianidad es el lugar donde el hombre construye la igualdad emocional, siendo cuidadoso con su conductas en relación con la pareja. Para hacer esto el hombre tiene que estar al tanto de sus propias emociones para saber lo que puede herirlo y evitarlo; de este modo, dejará de tratar a su pareja en una forma prepotente y violenta.

El espacio intelectual puede también tratarse con igualdad: cuando la pareja aporta una idea, el hombre puede validarla y aceptarla aunque no esté de acuerdo; esta idea tiene valor sólo porque es importante para la pareja. En lugar de tratar de cambiar el espacio intelectual de la pareja, el hombre puede apoyar, reforzar y aprender de las ideas de ella. Compartir íntimamente las ideas de la pareja requiere poner energía al escuchar y preguntar si la pareja quiere escuchar otras ideas y posibilidades. El hombre ha asumido que puede entrar en el espacio de ella para darle instrucciones y órdenes, sin tener en cuenta si ella quiere o no; pues él se ha apropiado de sus espacios. En el proceso de igualdad, el hombre tiene que saber cuándo quiere su participación la pareja, y si ella no la quiere, respetar su decisión.

El espacio intelectual es uno de los mas difíciles para el hombre latinoamericano, porque las condiciones históricas en que se ha desarrollado este espacio han sido de humillación y destrucción. Se supone que el espacio intelectual está totalmente ligado a conocimiento o educación, y mientras más preparación académica tenga la persona, mayor «capacidad intelectual» tendrá. Es claro que el espacio intelectual existe en todo ser humano, en una u otra forma. Lo que cambia es el aprendizaje de género que ha tenido el hombre para modificar su espacio intelectual.

Tener igualdad en el espacio físico requiere que el hombre acepte que su pareja puede tomar decisiones respecto a su propio espacio físico, que se compone de dos partes: la primera significa que la pareja puede manejar su espacio personal según lo que cree y considera más conveniente para ella. Este espacio incluye todas las actividades que ella quiera realizar con su cuerpo; por ejemplo, peinarse y vestirse como ella quiera; dormir donde quiera; expresar su cariño y compartir caricias con quien quiera, etcétera. Ella tiene la capacidad de decidir cómo usar sus espacios donde desarrolla sus actividades. Si quiere ir sola a bailar con sus amigas; si quiere leer sola en la recámara; descansar en el parque o trabajar en la noche. El hombre puede apoyar estas actividades y aceptar que ella tiene el poder de decisión para usar sus espacios como mejor le parezca.

El espacio físico personal de la mujer es el más problemático para el hombre, pues tiene un pensamiento dicotómico en el que considera que él puede hacer lo que quiera con su propio cuerpo y el de ella, pero ella no. Él supone que las actividades y el cuerpo de la mujer deben estar supeditadas a lo que él quiere y piensa. El cuerpo de la mujer es el medio por el cual él recibe servicios, es un recurso de energía y por lo tanto de actividades. También, como vimos, su estatus como superior se basa en compararse con la mujer, de modo que el cuerpo de ella es tanto un símbolo de su superioridad como una prueba qué tanto puede él controlar las acciones de su pareja.

El segundo componente del espacio físico son las actividades cotidianas y los recursos comunes de la relación. Por lo general, el hombre piensa que es el dueño de todo y no lo comparte con la mujer; si quiere tener igualdad con su pareja, primero tiene que aceptar que ella tiene los mismos derechos a usar los recursos y los espacios donde ambos viven y que comparten. Para la autoridad, los espacios físicos son muy importantes y por eso se adueña de ellos; por ejemplo, se sienta en la cabecera de la mesa, en el sillón más cómodo frente a la televisión, duerme en la cama más cómoda, etcétera. Para practicar la igualdad, es necesario buscar la manera de que todos los participantes de la familia tengan el mismo acceso a los recursos. Por ejemplo, si sólo tienen una cama grande y varias pequeñas e incómodas, pueden turnarse o acordar quién dormirá en la cama cómoda cuando más lo necesite; por ejemplo, si alguien está enfermo.

Aceptar la igualdad en el plano físico, significa que el hombre acepte realmente que ella es dueña de su propio cuerpo y que puede hacer lo que quiera, cuando quiera. Esto requiere poner en práctica la igualdad en el plano intelectual, pero especialmente en el plano emocional, pues aunque él se sienta herido por las decisiones de su pareja, cuando decide aliviar su dolor por sí mismo sin entrar en los espacios de la pareja, no necesitará ser violento. Si ella quiere tener una relación sexual con otro hombre, el compañero no puede intervenir porque ella es dueña de su cuerpo y puede usarlo como quiera.

Estos ejemplos parecen simples, pero es difícil para el hombre concebir que puede apoyar a su pareja en esta forma. Es interesante observar que muchas veces, incluso en la alimentación, el hombre no pone en práctica la igualdad: él come antes que otras personas en la familia sin tomar en cuenta que tal vez no hay suficiente para todos. Espera que la mujer, «como no trabaja,» sea la que se queda sin comer o adopte su régimen alimenticio para complacerlo. Si tienen dos autos y el del hombre se descompone, inmediatamente asume que puede usar el de la mujer, pues ella puede quedarse en la casa haciendo algo; el hombre «puede pasar a recogerla después» o, en último caso, «su trabajo no es tan importante».

Nuevamente, las conductas autoritarias se oponen a los intercambios cooperativos que apoyan un proceso de negociación en el que todos se unen para obtener lo mejor de la situación en que están.

El hombre violento restringe el espacio social de la mujer para que ella quede aislada y sin poder. Al encontrarse aislada, la mujer acepta que ella es la que tiene un problema, pues se siente atrapada cuando tendría que sentirse alegre de estar en una relación. En muchas ocasiones, estas restricciones no le parecen tan extrañas porque las ha vivido desde pequeña. Para el hombre, como las relaciones sociales son competitivas, él empieza a competir con la mujer y a anularla al limitar sus contactos sociales. Todo ser humano necesita validación de su existencia (ser visto y escuchado) y ésta se da mediante las interacciones sociales; cuando los amigos o amigas visitan a la persona, ésta se siente validada pues sus puntos de vista, sus ideas, percepciones y miedos pueden ser compartidos y aceptados. En este sentido, las relaciones sociales son un recurso para la supervivencia; al compartir sus procesos internos, se afirma y se siente viva. Los procesos externos también son importantes porque cuando la persona tiene un problema, al compartirlo puede encontrar una solución en el apoyo de otra que la escucha. Por ejemplo, si una amiga de la mujer escucha el dolor que ella siente porque el hombre con quien tiene una relación es violento con ella; si la amiga muestra empatía por ese dolor y, por otro lado, le ofrece ayuda tanto de tiempo como económica para encontrar un lugar donde pueda refugiarse y salir de esta violencia, la mujer maltratada estará usando sus reguladores ecológicos al crear los medios internos (quitándose parte del miedo y validando su enojo) y externos (creando una red de apoyo que puede usar si desea salir de esa relación) de supervivencia. Esto la ayuda a tomar su posición en el mundo y empezar a cambiar sus percepciones y sus espacios.

El hombre tiene que aprender a usar el espacio social como un medio de supervivencia y apoyo. Para hacerlo, primero debe aprender a crear relaciones satisfactorias, cooperativas y democráticas. Sin embargo, esto requiere tener la integridad interna para no depender sólo del ambiente externo, sino usar sus medios internos para no ser vulnerable a los cambios sociales sobre los cuales sólo tiene una influencia mínima.

En términos del espacio social, es posible practicar la igualdad con ella al apoyarla para que desarrolle relaciones que son importantes para ella, y al validar su experiencia mostrando empatía (ponerse en su lugar para entenderla). Después de todo, la relación que tienen los individuos en la pareja, es una relación social.

Culturalmente, el hombre puede aprender de ella y revisar qué le aporta para cambiar y ser mejor. Por ejemplo, si ella le propone ir a un concierto de rock, él puede asistir y aprender por qué a ella le gusta este tipo de música; en lugar de criticarla. Si su familia, por tradición, se reúne los últimos sábados del mes, él puede aprender por qué para ellos es tan importante hacer esto. También puede participar en crear una cultura diferente que los haga crecer como seres humanos y como pareja. Por ejemplo, si les gusta bailar, puede proponer que salgan a bailar juntos y entre los dos crear formas de entretenimiento que resulten satisfactorias para los dos. Si quieren salir solos un sábado en la noche, pueden llegar a un acuerdo de reservar ese tiempo y apoyarse mutuamente. Esto es cambiar la cultura; hasta ahora, la cultura machista sostiene que él puede hacer lo que quiera y ella no.

Poner en práctica la igualdad es un proceso bastante complejo y requiere cambios radicales, tanto internos como externos, para el hombre. Estos cambios son la base para construir una forma de vida o cotidianidad creativa y excitante, sin ser violento. Por otro lado, al eliminar la necesidad de actuar como la autoridad en todo, el hombre puede compartir las responsabilidades, lo cual le ayuda a deshacerse de una gran carga de tensión que es muy dañina, porque al aislarse y actuar en forma prepotente, rompe su equilibrio ecológico.

Entrevista a Luis (segunda parte)

—*Cuando tú golpeabas a tu ex-compañera, ¿que pensabas de ella en ese momento?*

—Cada vez que la golpeaba, creía que era por su culpa. Porque era ella la que me andaba molestando, según yo. Cuando ella me reclamaba de las mujeres, las borracheras o mis amigos, yo la acusaba a ella y consideraba que ella era el problema. Porque, según yo, era lo que había aprendido: que el hombre podía hacer todo lo que quisiera. Y la veía a ella como nada, que ella era una persona más en la casa, pero no como persona, sino alguien que no tenía ni voz ni voto, que no tenía que opinar, no tenía que reclamar, no tenía que decir absolutamente nada en la casa.

—*¿Podrías hablar un poco de la familia en la que creciste?*

—En mi hogar nunca hubo violencia física, nunca hubo un golpe de mi papá hacia mí o a mi madre. La razón porque no había surgido esto era que mi madre todo el tiempo le hacía caso a mi papá, en todo lo que él decía; nunca le desobedeció, pues nunca hubo un motivo para qué él la golpeara o le hiciera algo. Lo único que yo veía era cómo mi papá controlaba a mis hermanos. Igual mi mamá a ellos, ya estando casados mis hermanos mayores, ellos les decían qué tenían que hacer. Y por supuesto, no les decían que quisieran a sus mujeres, sino que las pusieran parejas, que les enseñaran quién era el hombre de la casa. De hecho, eso no me gustaba y a la edad de doce años yo hablé con mi papá y mi mamá y les dije: «Oigan, yo no quiero eso en mi vida; voy a tomar mi propio camino y no quiero que nadie se meta en mi vida.» A los doce años me salí de la casa y me fui a trabajar con un hermano que estaba encargado de una granja. Comencé a trabajar a los doce años. Comencé a hacer mi vida yo solo. Me acuerdo que mi hermano me decía que su mujer o su esposa no estaba tranquila sin que la golpeara semanalmente. «Como que le hace falta que la golpee, apenas no la golpeo y ella comienza a molestarme.» Pero ahora lo veo desde otro punto de vista; lo que pasaba era que la compañera no quería que la golpeara, sino que ella le pedía sus derechos y cuando ella exigía sus derechos, él lo veía como un reto y por eso la golpeaba. Igual me decía: «cuando tú tengas tu mujer o tu vieja, tienes que enseñarle que el que lleva los pantalones en la casa eres tú. No tiene que preguntarte nada y así tiene que ser el papel de la mujer o el rol de la mujer.» Yo traía eso en mi mente.

Mi familia es grandísima; somos once hermanos: siete varones y cuatro hembras. Yo veía también con mis hermanas cómo sus esposos las maltrataban y mis hermanos maltrataban a sus esposas también. Era algo normal, que también hacían las personas que vivían a mi alrededor. Los hombres se la pasaban golpeando a sus mujeres, y nadie les decía nada. Tenía una tía que ya murió. A ella su esposo la sacó varias veces a las once de la noche a puros golpes y la llevaba a un río que estaba cerca y la iba a sumergir en lo más hondo. Ella era hermana de mi mamá. Las golpizas que le daba ese señor eran terribles. Así, todas las personas que vivían a mi alrededor, eran hombres que maltrataban a sus compañeras.

Ejercicio 7

Para saber si usted es igualitario en su relación de pareja, necesario que responda con absoluta honestidad las siguientes preguntas:

1. ¿Pienso en mi pareja como una persona igual a mí?
2. ¿Acepto los derechos de mi pareja?
3. ¿Mis actitudes demuestran que creo que mi pareja igual a mí?
4. ¿Le doy la misma importancia a los asuntos de mi pareja que a los míos?

5. ¿Tengo actitudes igualitarias? ¿Realmente la trato como igual?

6. ¿Participo en las labores del hogar en la misma medida que mi pareja?

7. ¿Los recursos y responsabilidades son compartidas equitativamente entre mi pareja y yo?

8. ¿Comparto los espacios íntimamente con mi pareja?

Una nueva identidad

*Y a cualquier hombre que está siendo violento, que
está maltratando a su pareja, yo le diría que
busque un recurso como el que yo he encontrado
ahora. Porque tal vez todavía aquellos hijos que
están detrás de nosotros, hembras o varones, sean
propensos a destrozar cualquier hogar; a destrozar
a sus cónyuges o a sus novias. Que aquellos
muchachos puedan pisar un terreno diferente. Así
como mi hijo, que siento que va por un camino
diferente. Yo siento que no va tener necesidad de
poner sus pies donde yo los he puesto; lugares tan
oscuros como la prisión; que no se la deseo a
nadie, a ningún hombre; menos a mi hijo. Por eso
me siento contento de que él esté compartiendo
conmigo; yo siento que él también es importante
en mi vida ahora. Me siento acompañado por mi
hijo y aun en la casa siento que él me protege; me
protege sólo con estar presente ahí; me siento
comprometido a seguir adelante.*

Ricardo

No es suficiente con que el hombre responda a las demandas de igualdad de su pareja. Para continuar y afirmar su
proceso, es necesario tomar una actitud *proactiva*, lo que
significa usar su propia energía para responder a diversas
situaciones y promover el bienestar común. El hombre generalmente espera hasta que se encuentra en una crisis
para actuar; en cambio, ser proactivo le ayuda a evitar esas
crisis; por ejemplo, es muy diferente esperar a enfermarse
que ir al médico a hacerse un estudio rutinario anual. El
patriarcado-machismo considera al hombre desechable y
también a las mujeres. La frase «Ya no sirvo para nada,» es
una sentencia en la que se compara el valor del hombre

con su potencial de producción externa, en lugar de valorarlo por ser quien es. Por eso su actitud en general es de esperar para actuar. Es una postura reactiva y catastrófica, pues supone que el destino no se puede cambiar y que las circunstancias siempre lo llevarán inevitablemente a más problemas. Ser proactivo requiere cambiar esta visión de sí mismo y del mundo.

Las relaciones del hombre están basadas en estas creencias catastróficas y por lo tanto sus interacciones son reactivas. La mujer se vuelve entonces alguien que debe reaccionar a los deseos de él, y a su vez él reacciona a las conductas de ella. Desde su creencia de superioridad, el hombre ha creído que los recursos de la mujer son para que él los use en su propio beneficio; esto le causa no sólo un vacío emocional, sino en todos aspectos. Decimos que es una posición catastrófica porque el hombre no puede predecir lo que la mujer hará y depende de las opiniones, actitudes y conductas de ella. De modo que si la mujer está contenta, él se siente bien y «no tiene problemas»; pero si ella está enojada o molesta, él no puede estar bien porque ella actúa en una forma en que él pierde su estabilidad. Por eso siempre quiere controlar, para mantener los cambios externos a él lo más estable que sea posible.

Recientemente, se escucha hablar del «hombre suave», o el hombre que ha entendido que su masculinidad como una forma de imposición de superioridad sobre la mujer obstaculiza sus relaciones, no sólo con su pareja, sino con otras personas (incluyéndolo a él mismo), y ha decidido cambiar este tipo de relaciones. Estos hombres (por cierto muy pocos) se han encontrado con nuevos problemas que les parecen muy difíciles de solucionar. Esto no es extraño porque, en primer lugar, no existe un modelo de relaciones interpersonales cooperativas e igualitarias, especialmente entre el hombre y la mujer. Aunque ha empezado a cambiar, el hombre todavía no usa sus reguladores ecológicos porque no ha aprendido a usarlos y espera que alguien le indique formas preestablecidas de conducta o de ser, y nuestra sociedad, hasta ahora, no acepta que el hombre haga cambios que afecten a toda la estructura patriarcal; por lo tanto, castiga al hombre que pretende salirse de estos patrones. El hombre violento, al renunciar a su violencia, se encuentra en la misma situación: no existen parámetros preestablecidos; mucho menos la energía que le indique lo que debe hacer. Siente caer en un vacío en el que termina pensando que estará permanentemente en riesgo fatal. Entonces, la pregunta que se plantea, invariablemente, es: «Ahora que me estoy quitando mi machismo, ¿quién soy?, ¿cómo voy a poder sobrevivir?, ¿cómo me voy a entender a mí mismo?, ¿cómo me haré respetar?», y se queda sin respuesta porque no existen parámetros ni energía externos que lo guíen.

Para obtener respuestas, el hombre necesita aprender a usar sus propios reguladores ecológicos, puesto que al aprender a procesar la realidad por sí mismo y recurrir a sus propias habilidades, conoce su individualidad; sabe qué lo hiere y qué le da alegría. Y al conocer estos dos aspectos, puede definir su verdadera identidad o su *Yo real.* Su *Yo real* se expresa en sus maneras de disfrutar, interpretar e interactuar con el mundo, de acuerdo con sus propias necesidades y filosofía. Por ejemplo, si le gusta correr, aunque en el momento es físicamente pesado y doloroso, aprende que no sólo corre por correr o por competir, sino por mejorar la su calidad de vida, pues su cuerpo es un medio para disfrutar de correr, y al hacerlo se siente físicamente mejor. Por otro lado, también disfrutar de esa actividad al apreciar los paisajes por donde va pasando; percibe su belleza y esto lo hace sentir alegre. Mientras el hombre no vea las posibilidades de satisfacción del medio ambiente y de sí mismo, no podrá ser proactivo o íntimo.

Cómo usar los reguladores ecológicos

Los reguladores ecológicos son los indicadores que ayudan a la persona a evaluar situaciones y experiencias y de este modo a crear alternativas para sobrevivir en la mejor forma posible. Estos reguladores existen originalmente como instintos que muy pronto empiezan a transformarse mediante la experiencia. Por ejemplo, comer es un instinto con el que todo ser humano nace, pero a través de la experiencia esta conducta se transforma y se adapta a diferentes situaciones, hasta que se vuelve una respuesta ajustable a patrones sociales y culturales, más que fisiológicos. El niño, por ejemplo, tiene que adaptarse a horas específicas de alimentación por una necesidad social: el tiempo de los padres. Desde pequeño empieza a conocer las restricciones culturales de horarios, lugares, razones, formas en que se ejecutan las tareas y que determinan la actividad que cada quien desarolla. Va creciendo y teniendo más constricciones sociales y culturales, lo que lo lleva a basar su supervivencia en dichas constricciones.

El hombre dejó de usar sus reguladores ecológicos muy temprano y no aprendió a desarrollarlos. Termina buscando respuestas a situaciones a las que se enfrenta, basado en estas reglas sociales y culturales, en lugar de usar su energía para descubrir sus verdaderas necesidades como individuo. Sus emociones son eliminadas, pues los condicionamientos culturales y sociales para el hombre-macho le imponen no sentir, ser fuerte o estoico en todo momento, ser superior a la mujer y controlarla. Su intelecto se entrena para buscar las formas de adaptación social y cultural. Por eso es tan importante para él «ser hombre», es decir, definirse y probarse tanto social como culturalmente; de aquí proviene su vulnerabilidad, pues no hay hombre que llene los requerimientos sociales y culturales de la masculinidad o machismo; de hecho, esta identidad no existe.

El hombre cree que la sociedad y su cultura van a solucionar sus problemas y contradicciones y deja de usar su propia energía, para convertirse en un observador de su propia vida. Sus espacios son el reflejo externo del mandato social y cultural. En la figura 1 podemos ver cómo sus espacios internos son usados por estas expectativas, y no para satisfacerlo a él.

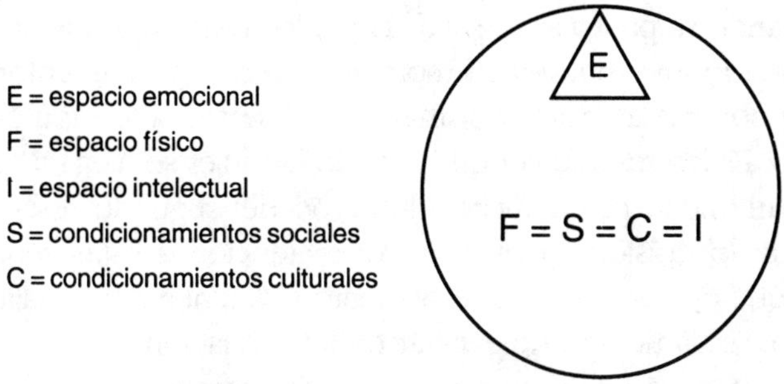

E = espacio emocional
F = espacio físico
I = espacio intelectual
S = condicionamientos sociales
C = condicionamientos culturales

E

F = S = C = I

Figura 1. Distribución de los espacios internos (triángulo) y los externos (círculo) en el hombre-macho. Las emociones ocupan un lugar muy pequeño dentro del espacio interno; mientras que los espacios físico e intelectual se encuentran emparejados en el espacio externo, condicionados por las expectativas sociales y culturales.

Cuando el hombre usa sus reguladores ecológicos necesita buscar internamente respuestas a sus experiencias, involucrando todos sus espacios. El proceso más fácil para aprender a usar estos reguladores es poner atención a su cuerpo. Su intelecto se ha mezclado con los patrones sociales y culturales, por lo que no se le puede confiar; pero aunque su cuerpo esté muy entrenado dentro de la masculinidad o machismo, puede ponerle atención y observar qué le sucede antes de ser violento o en cualquier otra situación.

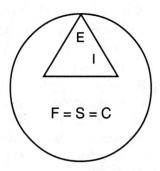

Figura 2. Cuando el hombre se da cuenta de la tensión en su cuerpo y lo relaja, está separando la respuesta aprendida de «peligro»; entonces puede evitar el reflejo de supervivencia que lo lleva a ser agresivo.

Cuando su pareja se niega a aceptarlo como superior, él cree que va a morir; entra en su momento de riesgo fatal; entonces puede ponerse atención a sí mismo y observar la tensión de su cuerpo. Es interesante ver que cuando la mujer se niega a aceptar la autoridad del hombre, el cuerpo del segundo responde como si lo quisieran matar. Si pone atención a estas señales, sabrá que está a punto de ser violento y detenerse. Al relajar su cuerpo, se da tiempo de evaluar toda la situación.

El siguiente paso sería preguntarse: «¿realmente moriré si no controlo a mi mujer?», o «¿me moriré si no me voy de parranda con mis amigos?»; y otras por el estilo. En este caso, sí es conveniente recurrir a su espacio intelectual. Podemos decir que en todos los casos la situación no es de vida o muerte, de manera que no necesita recurrir a la violencia.

Si su cuerpo le dio una señal de peligro mortal y la evalúa con su pensamiento, se dará cuenta de que no va a morir; y si toma la decisión intelectual de no ser violento, empezará a recuperar su espacio intelectual. De este modo comienza a usar dos de sus espacios para tomar una decisión basándose en la información que obtiene y procesa al saber qué le está sucediendo.

Si el hombre permite que su cuerpo y su intelecto tengan igual validez y pasa por este proceso de cambio, se dará cuenta de que, aunque la situación es difícil, no representa un peligro mortal para él, de modo que no necesita ser violento. En este caso, el hombre tiene que separar su espacio intelectual de las normas sociales y culturales. Para esto, tiene que dejar de culpar a su pareja. Si dirige su intelecto a encontrar lo que la pareja está haciendo para molestarlo, sólo continuará con su violencia; pero si dirige su intelecto a entender por qué se siente así, entonces puede usar su energía para resolver la situación sin violencia.

El hombre necesita buscar la respuesta en sí mismo mediante contestar a sus preguntas refiriéndose a él mismo y planteando la pregunta de manera que no haga responsable de la situación a su pareja. Por ejemplo, cuando él se pregunta: «¿por qué quiere molestarme?», predisponiendo la respuesta de que ella tiene la intención de molestarlo; pero si pregunta: «¿por qué *yo* me molesto por lo que mi pareja hace?», puede encontrar una respuesta válida dentro de sí mismo.

La mejor forma de encontrar respuestas satisfactorias es hacer las preguntas adecuadas. Una pregunta como: «¿verdad que no soy violento?» no es una pregunta válida; sería más conveniente preguntar: «¿*tú sientes* que soy violento contigo?»

Una vez que se plantea la pregunta en esta forma, es posible dar una respuesta. Si el hombre se pregunta «¿por qué me molesto por lo que dice o hace mi pareja?», y puede responder diciendo: «porque *yo*...», se dará cuenta de que el malestar es suyo desde el principio hasta el final, no de la pareja. Si se pregunta, por ejemplo: «¿por qué me enojo cuando mi pareja quiere ir a ver a su familia?», y se contesta empezando por sí mismo: «porque *yo*... siento celos»; estos celos son problema de él, no de la pareja. De esta forma, el hombre recupera su espacio intelectual; ahora puede hacer un análisis de la razón por la que siente o piensa en esa forma.

Entender que él es quien siente lo que siente, le ayuda a empezar a definirse y conocer su *Yo real*, pues esa forma de experimentar el mundo es sólo suya. También es importante saber que entender la razón de las cosas ayuda a cambiarlas o mejorarlas.

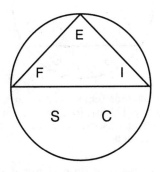

Figura 3. Aunque los espacios emocional, intelectual y físico ya están integrados, dentro del espacio interno, el espacio externo (lo social y lo cultural) sigue teniendo un peso importante.

Si el hombre se pregunta qué siente en ese momento, siempre encontrará una emoción. Éste es el tercer elemento de los reguladores ecológicos en esta secuencia. Es obvio que si empieza por saber qué siente, se ahorra mucho trabajo porque las emociones son la forma más acertada y rápida de entenderse. Al unir sus tres espacios internos, físico, intelectual y emocional, puede tener una clave fácil y certera para resolver la situación. Cuando recurre a su espacio intelectual para asumir su responsabilidad y se pregunta qué emoción siente, puede entender realmente lo que está sucediendo con él mismo. «¿Por qué siento celos?», sería la siguiente pregunta, y la respuesta está en sus emociones: «porque tengo miedo de no tener la atención de mi pareja», y puede profundizar aún más: «si no tengo la atención de mi pareja, ¿qué siento?; me siento triste, y me siento triste porque yo no soy capaz de ponerme atención a mí mismo, sino que espero que mi pareja sea quien me ponga atención.» Nótese que en este caso estará llegando a conocerse porque se conectará con su *Yo real.*

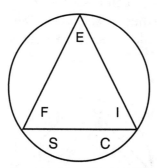

Figura 4. Los espacios internos (emocional, físico e intelectual) ya están integrados en el hombre, y él los usa para procesar sus experiencias, dejando fuera los condicionamientos sociales y culturales. En este caso, él influye en el espacio socio-cultural.

De este modo, el hombre se da a sí mismo la posibilidad de cambiar lo que le da tristeza y crear su propia alegría. Darse cuenta de que su tristeza es causada por él mismo y no por su pareja es la clave de todo este proceso, porque entonces puede empezar a crearse una realidad o vida diferente, en donde cada experiencia es suya y puede procesarla y modificarla a una forma más satisfactoria.

Respecto a sus emociones, no puede cambiarlas radicalmente; pero sí puede trabajarlas para resolverlas. En el ejemplo anterior, si siente celos porque su pareja quiere ver a su familia y se da cuenta de que es su problema, puede cambiar esta tristeza a alegría; aprender que estos celos son impuestos y que puede dejar esa tristeza porque el problema consiste en que él no se pone suficiente atención a sí mismo, de modo que puede buscar la forma de hacerlo. Cuando logra esto, puede cambiar su tristeza por alegría, porque la razón para sentirse triste ya no existe.

En este proceso, vemos que cuando pone atención a sus propias respuestas internas y evalúa la situación, puede tomar una decisión de responder en una forma que resultará muy provechosa no sólo para él, sino para otras personas. Cuando su respuesta o conducta está basada en los procesos internos de su *Yo real*, las restricciones sociales y culturales empiezan a cambiar; lo que importa es la calidad de la interacción para todas las personas involucradas, no la imposición sociocultural.

Cuando aprende a satisfacerse y apoyarse a sí mismo, entonces lo hará también con su pareja y su relaciones sociales cambiarán, porque sabe que puede sentirse alegre usando sus propios recursos, independientemente de lo que otras personas hagan; sus relaciones serán diferentes: más satisfactorias, creativas, cooperativas y fáciles.

Cuando empieza a apoyar en lugar de controlar, las personas lo buscan por el bienestar que ofrece. Si trata a su pareja con igualdad y de manera cooperativa, ella se siente más cerca; puede crecer y ser feliz; lo cual también lo beneficia a él. En lugar de mantener relaciones competitivas, jerárquicas, patriarcales y destructivas, tendrá relaciones autónomas, satisfactorias, igualitarias, creativas y de apoyo, con una dinámica muy diferente a la anterior. Entoces estará creando las bases de una sociedad diferente.

Del mimso modo, cambia su cultura. Hemos creído que las culturas son estáticas, pero están basadas en las formas de interacción individual y por lo tanto pueden cambiar. Por ejemplo, los estilos de música cambian constantemente y esto causa un cambio cultural. Esto no surge sólo de las condiciones sociales, económicas o geográficas, sino de un individuo al que se le ocurrió una forma diferente de expresarse. El lenguaje es otro ejemplo: los idiomas van cambiando de acuerdo con las necesidades del individuo en su grupo social; por ejemplo, el «caló» en México surgió por la necesidad de los ladrones de hablar sin que los policías y otras personas alrededor entendieran; así crearon un lenguaje diferente que eventualmente se filtró y aún existe en muchas partes del país.

Cuando un individuo decide que algunas normas culturales ya no le sirven, empieza a cambiarlas; y si estos cambios están basados en sus reguladores ecológicos, las nuevas formas culturales también cambian. Si empezamos a enseñar a los niños, con el ejemplo, a tener igualdad entre hombres y mujeres, y que la violencia en general no es deseable, estaremos cambiando toda la cultura, aunque el proceso pueda parecer lento. Esto será un gran regalo para las generaciones venideras.

El poder de crear

Al llevar a cabo este proceso, el hombre adquiere su verdadero poder. El poder es definido como «Tener expeditas la facultad o potencia de hacer una cosa.» Esta definición conlleva la facultad de cambiar las condiciones de vida del individuo. Es claro que todo ser humano tiene la facultad de cambiar muchos aspectos; por ejemplo, el medio en que vive, si se va a vivir a otro lugar. El poder personal surge de poner atención y manejar sus reguladores ecológicos, pues cuando los usa tiene la facultad de modificar no sólo su medio ambiente, sino a sí mismo, debido a que estos cambios están basados en una forma creativa, que es lo opuesto a la actitud catastrófica de antes. Cuando usa sus reguladores ecológicos, la razón para hacer las modificaciones está basada en mejorar su forma de vida, no en controlar para obtener una satisfacción externa y no duradera.

Todos los organismos funcionan mediante estas interacciones ecológicas, y es el ser humano el que más afecta y cambia el medio ambiente *sólo por cambiarlo* o porque cree que se ve mejor. Estos cambios sólo lo llevan a destruir el medio ambiente y a sí mismo. Cuando el hombre se concibe como parte de la cadena de la naturaleza, puede sobrevivir mejor porque su razón de ser no es controlar, sino *compartir* para crear un ambiente seguro, interesante y agradable. Esto le da poder porque en lugar de oponerse e ir contra toda la energía y tratar de cambiarla, va *con* la energía; se une a ella, la entiende y entonces sabe qué puede cambiar y qué no, cómo puede cambiarlo y, lo más importante, *por qué* necesita cambiarlo.

Su poder, su facultad o potencia para hacer una cosa se multiplica, porque su entorno no lo ataca, sino que lo ayuda y apoya. Cuando la persona empieza a usar los reguladores ecológicos, su vida es más fácil y por lo tanto tiene más energía de la que necesita para satisfacerse y a otras personas. Al usar esta energía extra para crear, tiene un despertar espiritual que lo lleva a entender que su vida tiene un propósito, y que éste es apoyarse a sí mismo y apoyar a las personas, animales, plantas y todo lo que la rodea.

La cotidianidad

La cotidianidad son las acciones e interacciones repetitivas que se ejecutan en ciclos cortos. Estas acciones e interacciones sirven de base para crear estabilidad en la vida de la persona; por ejemplo, los tiempos de alimentación son acciones cotidianas. Es en esta cotidianidad donde el hombre puede poner en práctica sus cambios para asegurarse de que realmente han surtido efecto. Los cambios rápidos y superficiales son efímeros y destructivos. Cuando un hombre ha golpeado a la mujer y se promete «no volverlo a hacer», sólo para encontrarse teniendo que prometer lo mismo de nuevo al poco tiempo, pierde la capacidad de llevar a la práctica las decisiones que toma. Esto afecta su autoestima y su credibilidad en sí mismo, y conduce a una actitud cínica. En la pareja causa una destrucción muy profunda, porque ella tiene la expectativa de que si él hace «promesas» las va a llevar a cabo. Entonces, cuando él no cambia a pesar de habérselo prometido, ella pierde su poder porque su realidad es muy contradictoria.

El ser humano tiene muchas inquietudes y deseos, pero la mayoría no los realiza; algunos porque realmente se creen inútiles; y otros por miedo o por falta de recursos. Muchos hombres piensan que no vale la pena dejar de ser violentos, así que no cambian su vida cotidiana y continúa con ese patrón destructivo de relacionarse. Como hemos visto, si el hombre cree que es «el rey», «el superior», él no puede pasarse la vida arreglando cosas cotidianas porque siempre hay cosas más importantes que necesita hacer. Para él la vida cotidiana es sólo una interrupción de su esquema de dominación y a la mujer le toca encargarse de esta cotidianidad. Por eso, cuando se reúne con otros hombres, las actividades que escogen son superficiales y poco creativas. Por la misma razón, también la vida diaria le resulta molesta; considera que no tiene importancia porque le faltan los elementos de heroísmo que merecerían su atención.

Cuando vive esperando ejecutar actos heroicos, siente que nunca lo logrará, pero si pone atención a su cotidianidad y usa esta base para crear su realidad, entonces podrá hacerlo. Si quiere esperar a encontrarse con una crisis en la que su pareja se ha ido porque ya no está dispuesta a aceptar ni tolerar su violencia, y él quiere resolver esa crisis con actos de heroísmo, es obvio que va a fracasar. Aunque quiera hacer cambios, le será muy difícil: los daños son muy profundos para él y más para la pareja. Deshacerlos o compensarlos será mucho más difícil de lo que fue causarlos. El hombre violento necesita poner en práctica los conceptos de regulación ecológica en todo momento de su vida para obtener resultados. Si no espera a estar enmedio de una crisis para usar sus reguladores ecológicos, cuando ésta se presenta él tendrá mucho poder, es decir, capacidad para solucionar ese problema. Así, por un lado, la crisis no será tan profunda y, por el otro, él estará en condiciones de analizar y usar sus recursos, que de otra manera estarían fuera de su alcance.

Por ejemplo, cuando el hombre intenta hablar con la mujer, una vez que ella ha decidido dejarlo, el recurso del diálogo ya no le funciona porque para ella es muy tarde. En cambio, si ha dejado de abusar de su pareja y ha empezado a practicar el diálogo, es mucho más probable que ella acepte hablar para resolver esa situación. También, si el hombre ha aceptado la igualdad de su pareja y la trata como tal en todo momento, ella sentirá que puede expresar sus necesidades sin miedo a ser castigada; entonces se dará la oportunidad de decir lo que quiere y a la vez le dará al hombre la información necesaria para tomar decisiones que les ayuden a los dos.

Al empezar a poner atención a sus reguladores ecológicos, el hombre empieza a ver la vida cotidiana como una parte integral de su desarrollo y una forma de creación de su vida y de las personas a su alrededor; empieza a cambiar y a ser su *Yo real*.

El principio es muy difícil y desgastante, porque el hombre tiene que cambiar muchos hábitos. El primer hábito que necesita cambiar es el de asumir su papel histórico; el cambio consiste en aceptar que él mismo crea su forma de vida con cada acción, pensamiento, actitud y conducta que realiza en cada momento. Esto lo llevará a encontrar una nueva identidad basada en su *Yo real*, con sus potencialidades y cualidades, consciente de sus debilidades y problemas, y resolviéndolos cuando los encuentra.

Nota: cabe mencionar que Raúl es hijo de Ricardo, y ambos se han graduado del nivel de estudiantes en el programa

POCOVI y participan voluntariamente para ser facilitadores (coordinadores de un grupo).

Ejercicio 8

Este ejercicio le ayudará a saber si usted ha logrado integrar sus espacios internos (emocional, físico e intelectual) a su *Yo real*.

1. ¿Puedo distinguir la diferencia entre lo que quiero y lo que necesito?
2. ¿Uso mi espacio intelectual más que los otros?
3. ¿Uso mi espacio físico (es decir, mi cuerpo) más que los otros?
4. ¿Uso mi espacio emocional? ¿Pongo atención a mis emociones?
5. ¿Puedo usar a la vez mis tres espacios internos: intelectual, físico, emocional?
6. ¿Sé que tengo mi poder interno?
7. En la cotidianidad, ¿uso todos mis espacios internos?

Una nueva relación

Entrevista a Juan Alberto (segunda parte)

—*¿Cómo has cambiado?*

—Cien por ciento positivo. Gracias al programa, he cambiado para bien.

—*¿Cómo ves esos cambios?*

—Muy positivos; es una energía nueva que me ha llegado; veo la vida diferente. Como repito, una vez te dije que si me golpeaba contra algo, lo que fuera, empezaba a maldecir; me decía a mí mismo: «pendejo, esto y lo otro», con coraje conmigo mismo; me violentaba conmigo mismo. Ahora me golpeo, y nomás le hago «sana, sana, sana.» Positivo completamente. Mi hija está orgullosa de mí; ha visto y siente los cambios.

—*Dijiste algo muy interesante: «veo la vida diferente». ¿Cómo ves ahora la vida?*

—Pues, todas las mañanas, aunque estén nubladas, yo las veo soleadas. El trabajo antes me cansaba de la espalda y decía: «¿por qué me tengo que levantar a las siete de la mañana, a las seis de la mañana, por qué? Mejor voy a volver nomás al mariachi, a las ocho o nueve de la noche y levantarme otro día hasta las tres o cuatro de la tarde.» Y ahora no; son las seis y media de la mañana, nomás suena la alarma, la apago; estoy un ratito, ya me despierto bien, al baño y vámonos, contento al trabajo. Llego a los centros a repartir la comida y todos dicen: «Ahí viene mister sonrisas.» Y es que antes llegaba, y si un niño se me atravesaba, casi hasta le quería poner una zancadilla para que se cayera y no se me atravesara en mi camino. Ahora veo que viene uno y me paro, «pásele». Incluso las maestras dicen: «¡qué cambio, Juan!», porque me conocen por Juan. «Qué cambio, Juan, qué le dieron, qué come; nomás falta que llegue cantando como los pajaritos». «No me oyen, pero en el coche vengo cantando...» Ah, qué egoísta, cante aquí.» Eso es mi forma de ver la vida diferente.

Canciones que antes me parecían sin sentido, ahora las escucho y les pongo atención. «Ah, caramba, tiene razón esa canción; tiene algo que escucharle.» La vida se me hacía monótona, sin ánimos de nada; mi mismo estrés, mi egoísmo y mi machismo me estaban ahogando. Gracias a que ya superé eso, estoy en otra etapa; estoy listo para enfrentar la vida con más optimismo. Ya nada me irrita tan fácilmente. Ni las flojeritas de mi hija. Ahí miro el tiradero de platos, bueno como luego hago mi proceso íntimo tengo dos caminos: ir a reclamarle o lavarlos yo. Hago mi operación y me pongo a lavarlos. El otro día me dijo: «oye, papi, ¿por qué no me vienes a decir que porque dejo el trasterío ahí?». «Porque tengo dos caminos: ¿cuáles son? Pues irte a reclamar enojado, o lavarlos yo; y no me enojo, fíjate.» «¿Entonces mejor prefieres lavarlos?» «Pues claro», y sólo se me queda viendo. «¿Prefieres eso, papi?» «Claro, para qué te voy a molestar y para qué me voy a poner enojado, siendo la vida tan a gusto que estoy; así, mira: los lavo, los pongo donde estaban, al rato ya los acomodo y tú estás a gusto, yo estoy a gusto y no hay ningún enojo.» «Pues no, papi», dice. «Qué bueno que te encontraste el programa.»

Me ha escrito dos tarjetas, la primera me la escribió ella. La segunda que fue el día de mi cumpleaños el lunes, me dio otra tarjeta con unos pensamientos tan bonitos que nomás porque ella estaba allí no lloré. Luego cuando le dije: «ya terminé mi curso en el programa», me entregó un diploma hecho por ella misma. ¡No!, me hizo sentir; ahí lo tengo. Le digo yo: «estas palabras que me pusiste aquí, ¿son nada más cumplidos, o de veras te nacen del corazón al haberlas escrito?» «No, papi, son de aquí para ti. Y quiero que las tengas presentes y estas tarjetas no las tires como las que te doy en Navidad.» «Es que en Navidad no tienen ningún mensaje más que Feliz Navidad, Próspero Año Nuevo y ya. Pero éstas no, éstas si tienen sentido, tienen un mensaje que me ha llegado al fondo del corazón. ¿Cómo crees que las voy a tirar? Estos son como tesoros que van a quedar ahí guardados en mi gaveta de recuerdo.» La última que me escribió, me escribió muy bonito; que yo fui su impulsador, fui su inspiración y que sin mi apoyo, sin mi presencia, quizá ella nunca hubiera sido lo que es ahorita, una secretaria ejecutiva. Ahí me lo puso todo. «No, le digo, también son tus esfuerzos, más el tuyo. El mío era orientarte, darte el camino, enseñarte. Si lo seguías, bueno; si no, yo cumplí.» Y yo puedo mirar a la gente y decirle: «yo le enseñé todo el camino, pero no lo quiso seguir; no es mi culpa». Pero ahora con doble orgullo lo digo: «te enseñé el camino y tú lo seguiste; ahora eres una persona de bien, ya te puedes mantener; ya estás como los pajaritos: yo sé que necesitas volar, yo sé que si necesitas tanto dinero, que quieres independizarte; yo sé que lo vas ha hacer.» Y yo no soy quién para decirte: «tienes que estar aquí conmigo ayudándome. Yo te di tanto de mi vida, acuérdate que yo te di tanto de mi vida y tú tienes que pagarme.» No, nada: yo nada más lo que le digo, hija, fíjate el sacrificio que he hecho de no estar con ninguna compañera de planta, que no quiero pleitos entre ustedes, que algo te diga. No te gusta, y ahí vienes conmigo y yo voy a estar entre la espada y la pared. Si no te digo nada ella va a decir «no le dices nada.» Y si no le digo nada, tú vas a decir «¡hey!».

«Así, mira, si es cierto que lo que has visto de mí alguna vez me lo agradeces, qué bueno; y si no, también que bueno. Yo estoy con la conciencia tranquila, con mi mente sana de que yo cumplí contigo y que te di en los años que tienes. Yo no lo conseguí o no lo tuve hasta que fue con mi propio esfuerzo. A ti, gracias a Dios sí, desde que estaba tu madre, y cuando te faltó tu madre, yo todo el tiempo he procurado darte lo que yo no tuve. No te voy a decir que te estoy dando de las marcas más conocidas, coches último modelo o ropa de la mejor. Trato de que estés lo mejor posible y de que tengas lo que yo no tuve en mi juventud. Y ése es mi sacrificio por ti; si lo agradeces algún día, qué bueno y si no, yo no tengo nada qué decir contra mí mismo como 'Le fallé a mi hija'. Y eso sería también otro remordimiento más en mi conciencia que le fallé a mí esposa y le fallé a mi hija; entonces, ¿a qué vine a este mundo? A ser un destruye-vidas. Contigo estoy reparando lo que con tu madre no pude hacer. De mí ya no vas a tener más quejas, de que te llegue regañando por nada, de que te llegue gritado, humillando o diciendo esto o lo otro, ya no. Ya tú eres una señorita hecha y derecha, y comprendes lo que es malo y nada tengo que decirte, ya nada. Es tu vida y tú sabes lo que haces.»

—*¿Qué te gustaría decirle a los hombres que van a leer este libro?*

—Pues especialmente al machista, que despierte de esa fantasía que nada de lo que nos sentimos y creemos es cierto, que es creado, es ficticio. Y para lo único que sirve eso, es para hacer sufrir a la compañera, a nuestros semejantes, a nuestros hijos, a nuestros amigos y a nosotros mismos con las consecuencias a veces fatales que eso acarrea; porque no olvidemos que tanto va el cántaro al agua, que tanto la maltratamos con la violencia verbal y emocional; llegamos a la violencia física y después hasta la muerte. Y tanto de los hijos como de uno mismo también. Si lo quieren comprobar que lean las estadísticas en el periódico. Y si quieren comprobar que la violencia no es buena, que traten una semana de aceptar que la mujer haga y diga lo que quiera dentro de los parámetros de las buenas palabras y los buenos fines. Que él sea nomás pasivo, y lo va comprobar: va a vivir más a gusto esa semana, comparado con todo el tiempo que él ha tratado de dominar y de ser el macho en su casa, el jefe, el proteccionista. Con una semana que deje de hacer eso, de hacerse y creerse el máximo en la casa; que deje actuar a la mujer, que ella administre esa casa, la mitad de lo que ella hace o que la deje hacer más de lo que la deja hacer él, y verá el cambio. La mujer va a colaborar mejor que cuando la quiere dominar. Ese es mi consejo de un hombre que ha vivido esas experiencias y que no las piensa repetir jamás con nadie.

Espero que esto no llegue a manos vacías; porque si a alguien sacamos de esa violencia, a uno solo, ya este libro no fue en vano. Y esta semillita que se va a sembrar allí, esa semillita va a sembrar otra y ahí se va a ir formando un manojo; como dicen: «de grano en grano llena la gallina el buche»; y si esa semillita germina, esa semillita va a ser un árbol grandote.

Juan Alberto

Procesar las experiencias desde el Yo real

Después de haber analizado todos los aspectos del proceso de cambio, nos queda pasar a la práctica; veremos las distintas maneras de aplicar los conceptos que hemos revisado.

La vida a todo nivel desde biológico, emocional, intelectual, social, requiere de procesos para poder desarrollarse. Biológicamente, por ejemplo, existe un mecanismo que le indica al organismo que tiene una necesidad (el hambre), y lo impulsa a buscar una solución (comer). Estos procesos crean un ciclo de retroalimentación que fortalece al organismo para mantenerse vivo. Así, la retroalimentación es la clave para sobrevivir; y se logra mediante la coordinación entre el medio ambiente y los reguladores ecológicos individuales. Estos intercambios son lo que llamamos procesos o procesar. Los procesos emocionales y sociales no son diferentes de los procesos biológicos o fisiológicos. Un organismo bien equilibrado necesita usar todos sus reguladores ecológicos al mismo tiempo.

Ya dijimos que al poner en práctica sus reguladores ecológicos internos, el hombre cambia su identidad. Ahora necesita saber cómo usar estos reguladores ecológicos externos, es decir, sus interacciones sociales y culturales. Nótese que los reguladores ecológicos externos tienen que estar supeditados a los internos, y no al revés. El patriarcado hace funcionar al hombre al revés, basándose en la prioridad de los reguladores ecológicos externos. Otro problema del machismo o la masculinidad tradicional es que aleja al hombre de sus procesos naturales y los define como indeseables. Esto ha sucedido por la influencia de los «racionalistas»,[1] los cuales pensaban que, por tener razonamiento, los humanos eran superiores a otras especies al tener la capacidad de influir en su medio ambiente. Es por eso que el hombre se considera superior a la mujer, porque cree tener mayor capacidad intelectual.

Cambio cultural y reguladores ecológicos

CULTURA es «en sentido amplio, cultivo. Conjunto de los conocimientos no especializados, adquiridos por una persona

---

[1] Seidler, Victor, *Unreasonable men. Masculinity and social theory.*

mediante el estudio, las lecturas, los viajes, etcétera. Conjunto de conocimientos, grado de desarrollo científico e industrial, estado social, ideas, arte, etc., de un país o una época».[2]

Las culturas se desarrollan como un mecanismo de supervivencia y comprensión de un grupo ante su medio ambiente. Por ejemplo, todas las culturas tienen soluciones a problemas de salud que son específicos a ellas. Si una persona tiene un dolor, éste se explica de acuerdo con su medio ambiente, las creencias de grupo y la experiencia, es decir, la cultura. Algunos grupos indígenas tienen la creencia de que la persona tiene «susto» y por eso le duele el estómago. Con base en esto, el curandero recurre a un ritual para quitarle el susto y por ende el dolor de estómago. Le puede dar un té, si la razón por la que le duele es haber comido algo que «le cayó mal», etcétera. Este desarrollo cultural sucede de manera natural, por necesidades de interacción de los humanos con su medio ambiente y pasa de una generación a otra, mediante la enseñanza y la práctica.

Por otro lado, en nuestro tiempo la cultura es creada por los medios de comunicación masiva; por ejemplo, cuando éstos penetran y crean una moda en los deportes, la música, o el vestido, etcétera. En muchas ocasiones el grupo le da a un individuo supuestamente «más inteligente», la tarea de analizar los aspectos de la vida del grupo. En nuestros países, éste sería el médico, el sacerdote o, por último, el padre de familia. Como ejemplo tenemos las formas de convencimiento de las religiones para ganar adeptos. Cuando amenazan a un individuo por tener creencias diferentes, están tratando de cambiar su cultura y su espacio intelectual. «Te vas a ir al infierno», es una frase que se escucha frecuentemente, y con la cual asumen que la persona cree que existe un infierno y que la acción que él está llevando a cabo es considerada como indeseable y por lo tanto tiene que ser castigada.

---

[2] Moliner, María, *Diccionario de uso del español*.

La mayoría de las personas asumen que las culturas no se pueden cambiar; sin embargo, los ejemplos anteriores nos demuestran que las culturas cambian constantemente. El patriarcado tiene interés en hacer creer a las personas que no pueden cambiar su medio cultural. Requiere esta inflexibilidad para mantener el control. Es lo que hace también el hombre dentro de su masculinidad o machismo.

Cada cultura tiene valores que son importantes para el individuo, y éste tiene que evaluar esta cultura para decidir si le sirve o no; y, si decide cambiarla, cómo y hacia qué la va a cambiar. Para cambiarla, tiene que revisar su *Yo real* y decidir si le causa dolor, alegría, tristeza, excitación, miedo o enojo; si es destructiva o creativa. La única forma de hacer esta evaluación es saber cómo le afectan los preceptos culturales y, si no le gustan, no participar en ellos.

La masculinidad es en sí dolorosa, porque le exige al hombre basarse en parámetros incómodos y destructivos. Aunque aparentemente el hombre esté muy tranquilo siendo macho, esto le acarrea problemas muy serios que él mismo no se puede esconder. Por ejemplo, cuando es joven y empieza a tener relaciones con mujeres, estas relaciones le causan muchas dudas y miedos que realmente no puede compartir ni resolver porque la masculinidad implica que los hombres no tienen que quejarse y deben de tener relaciones con mujeres, aunque nunca quede claro qué tipo de relaciones y, sobre todo, cómo establecerlas. Pelearse es otra cualidad que afirma la masculinidad o machismo; sin embargo, no importa cuántas veces haya peleado, siempre le da miedo ser golpeado. En este caso, lo importante no es revisarse y ponerse atención a sí mismo, sino «quedar bien» ante otros. Uno de estos otros es su propia imagen de macho, pues ésta se encuentra fuera de él y lo obliga a salirse de su *Yo real*, y a esconder sus miedos y debilidades.

Salirse de su *Yo real* ocasiona problemas típicos de género; es decir, que afectan más al hombre. Por ejemplo, el alcoholismo. El alcoholismo es uno de los problemas de la masculinidad, y en Latinoamérica es muy grave. El hombre culpa al alcohol de su violencia. Lo cual no es raro; beber alcohol es; por un lado, una reafirmación de su machismo y, por el otro, una fuga para las emociones que puede sentir. Es una reafirmación porque cree que se está divirtiendo al salirse de *Yo real*, y al hacerlo se da permiso para ver el mundo desde una posición de total irresponsabilidad. Esta irresponsabilidad le permite alejarse de los problemas y evitar el dolor y miedo que éstos conllevan, aunque sea por un tiempo corto y las consecuencias sean física y emocionalmente dolorosas. ¿Por qué no cambia el hombre estos aspectos sociales destructivos? Por tres razones: es muy cómodo no ser responsable, no sabe cómo cambiar; no sabe qué puede y, por último, tampoco tiene idea de cómo cambiar su cultura. Entonces la acepta como algo acabado y absoluto.

Si el hombre usa sus reguladores ecológicos y pone como prioridad mejorar los efectos de su cultura en sí mismo, es obvio que va a cambiar muchos de los patrones culturales. Para hacer esto necesita entonces aceptar que él es la persona más importante para sí mismo. Dado que él tiene esta importancia, necesita saber cómo puede vivir mejor al conocer sus propias necesidades; al conocer y validar sus emociones y crearse una solución, apoyado por su entendimiento intelectual y su habilidad física y social.

Si la Navidad es muy triste para el hombre porque en la fiesta del año anterior fue cuando golpeó a su pareja y ella lo dejó, puede ponerse atención a sí mismo, aclarar ese dolor y resolverlo. Para resolver este dolor, necesita procesarlo. Si le duele no estar con su ex-pareja y sus hijos e hijas, puede aceptar que ese dolor se debe a que destruyó su vida y la de su familia. Al aceptar esto, puede hacerse un compromiso de no volver a herir a las personas que ama y aprender a apoyarlas. Al hacer este compromiso consigo mismo, puede empezar a ver otras posibilidades y cambiar su dolor por alegría. Una manera de hacerlo es comprometerse consigo mismo a ayudar a su ex-pareja y sus hijos e hijas para que se desarrollen lo más posible. Entonces, al llegar la Navidad, cambiará su cultura y en lugar de celebrar emborrachándose y siendo violento, buscará alternativas; por ejemplo, una comida de día, con amistades que lo apoyen en su nueva conducta.

Cambio social: nuevas formas de relacionarse

Hemos visto que cada relación, incluyendo las más cercanas, son interacciones sociales. Todos los problemas en las relaciones íntimas se magnifican porque existen interdependencias que son parte de procesos de supervivencia de los miembros de la relación. Por ejemplo, si tienen hijos y la mujer está al cuidado de ellos, parte de su supervivencia económica está basada en la capacidad del hombre de generar dinero.

Para mantener su supervivencia individual, el hombre necesita saber qué quiere obtener en la relación, y esto lo hace al usar sus reguladores ecológicos. Entonces puede aprender a negociar las fronteras en la relación. Estas fronteras son los espacios vitales de seguridad de la persona y se establecen mediante acuerdos. Por ejemplo, si el hombre es violento emocionalmente y la mujer quiere mantener sus fronteras para estar a salvo, puede alejarse del hombre física y emocionalmente, y así asegurarse de que no va a ser lastimada. Esta distancia es la frontera que ella necesita. Las fronteras son el territorio íntimo donde ambas personas comparten sus espacios.

Toda relación tiene fronteras, y el hombre necesita estar al tanto de sus propias fronteras o espacios vitales, así como los de la pareja para no invadir esos espacios y no ser violento. Esta es la parte más difícil de toda relación, porque siempre se tiene miedo de alejar a la otra persona al aclarar estas fronteras. Especialmente en Latinoamérica, donde «ser amable» tiene prioridad a pesar del descontento que causa no poner fronteras. Cuando un amigo llega de visita y las personas preferirían que llegara más tarde (después de comer, por ejemplo), no le dicen la verdad porque «hay que ser amable» y aceptan su intrusión en ese espacio que preferiría reservarse para la pareja o familia. Las fronteras son espacios que es necesario aclarar constantemente en las relaciones; por ejemplo, en el caso de la visita inesperada, se le podría decir al amigo que volviera después, cuando ya hubieran comido.

Las relaciones íntimas hacen muy difíciles estos procesos porque las fronteras son muy cercanas (y en muchas ocasiones no muy claras), debido a la cantidad de interacciones que requieren. El hombre que quiere dejar de ser violento necesita aprender a interactuar basado en el conocimiento pleno de sus fronteras y las de su pareja, para no invadirlas. Para definir sus fronteras necesita aclararlas internamente, usando sus reguladores ecológicos, como veremos a continuación.

Primero tiene que aprender a *captar la experiencia sin juzgar.* Hemos insistido en que, para tener una buena comunicación, tiene que aprender a escuchar. Escuchar es un proceso muy complejo, porque el ser humano, al mismo tiempo que escucha, necesita entender lo que se le está diciendo para luego ver si está de acuerdo o no. Para asegurarse de que tiene la información completa, necesita poner atención a sus cinco sentidos y observar qué está sucediendo. Es muy diferente decir «mi esposa está enojada», que «veo a mi pareja ponerse roja y la escucho elevar la voz.» En el primer ejemplo ya juzgó y definió lo que ella está sintiendo, mientras que en el segundo sólo expresa lo que él está percibiendo.

La parte más importante de escuchar es aprender a conocer su respuesta emocional a lo que escucha. Cuando el hombre quiere escuchar sin sus emociones, como hace la mayoría, olvida rápidamente lo que escuchó. Por ejemplo, si pasa por un árbol muy frondoso y piensa que está bonito pero no pone atención a por qué lo ve bonito, se olvidará de ese árbol. Pero si pasa por el árbol donde se enamoró por primera vez y está claro de su conexión emocional, no va a olvidar ese árbol. Cuando usa sus emociones para escuchar a su pareja, puede captar realmente el sentido de lo que escucha y ver cómo le afecta lo que escucha. Si toma una decisión respecto a la situación antes de conocerla totalmente y procesarla internamente, tiene muchas probabilidades de equivocarse porque no tiene la información completa.

El segundo paso es percibir. Una vez que el hombre percibe, es capaz de definir qué emoción siente al captar la escena. Si siente miedo por lo que percibe, puede definir cuál es el miedo que siente, haciéndose preguntas que lo involucren a él, no a su pareja. Un ejemplo sería: «Me da miedo escuchar que mi pareja eleva la voz porque temo ser violento con ella.» Y después, puede agregar: «Si tengo miedo, necesito quitarme este miedo y para hacerlo necesito asegurarme de que no voy a ser violento con mi pareja.» Al tomar esta decisión, puede averiguar qué más necesita para quitarse ese miedo y aquí pueden entrar las fronteras. «Para quitarme el miedo, necesito hablar con mi pareja sin violencia,» y entonces puede comprometerse consigo mismo a no gritarle ni tratar de controlarla.

En este momento, el hombre ya tiene clara su necesidad de establecer una frontera con su pareja y consigo mismo. A fin de establecer esta frontera con ella, necesita pedir permiso para entrar en su espacio. «Me gustaría decirte algo, ¿podría hablar contigo?», sería una forma de abrir la comunicación con ella sin entrar en sus espacios de manera agresiva. Si ella decide que su frontera en este momento es muy amplia, es decir, que ella desea mantenerse alejada de él en cualquier forma y no quiere hablar en ese momento, entonces el hombre tiene que aceptar esa frontera o la distancia que ella necesita y ver nuevamente dentro de sí mismo para saber qué es lo que necesita. «Si mi pareja no quiere hablar en este momento, ¿qué siento? Me siento herido, porque no sé qué está pasando. Si me siento herido, necesito quitarme este dolor. ¿Y cómo me lo quito? Lo hago al aceptar que ella no quiere hablar conmigo y que voy a satisfacerme a mí mismo, afirmándome que si ella tiene un problema conmigo me lo va a decir tarde o temprano; y yo voy a estar dispuesto a resolverlo en la mejor forma para ambos.» De este modo el hombre evita entrar en el espacio de la pareja y apoya a su *Yo real*. Si ella acepta hablar con él, entonces él puede proponer un acuerdo para tener una conversación que resulte fructífera para ambos. En este contexto no importan las acciones o conductas de la mujer, pues si el hombre no quiere ser violento tiene que aceptar que debe trabajar consigo mismo, no con la pareja. Este trabajo consigo mismo puede incluir poner fronteras, pero éstas sólo son válidas si surgen de sus emociones y están basadas en sus reguladores ecológicos.

Desde su creencia de superioridad, el hombre siempre quiere definir la realidad de las otras personas, pero es obvio que va a fracasar. Una mujer dijo que su compañero se quejaba de un amigo suyo con quien discutió: «Estoy muy molesto con él», dijo el hombre, «porque hace lo mismo que tú: no quiere aceptar mis consejos.» Entonces ella le preguntó: «¿Te pidió consejos tu amigo?», «Pues no, pero es que no sabe...» Es evidente que el hombre no sabe mantener fronteras y llegar a acuerdos cooperativos, por lo que cree que necesita ser coercitivo, no sólo con el amigo, sino también con la pareja para que entienda «lo difícil que hace su vida al no obedecerlo.»

Probablemente, el 50% de las veces el hombre tiene razón en lo que dice; sin embargo, lo importante en una relación no es quién está en lo correcto o quién no, sino cómo se interactúa con la otra persona. Dentro del machismo, el hombre cree que todo acto de la persona con quien se está relacionando le causa un impacto destructivo. Esto sucede porque no puede ver más allá de su propia imagen de superior. Para poder tener una relación cooperativa, tiene que aceptar que él sólo es una parte de todo el funcionamiento del mundo y no el centro de éste.

Una vez que tiene claras sus fronteras, entonces puede llegar a acuerdos consigo mismo y con su pareja. Los acuerdos son entendimientos mutuos de cómo, dónde y por qué se establecen límites. Conocer el por qué es la parte más importante, pues si la pareja y él mismo entienden la razón por la cual la otra persona requiere de estas fronteras y cómo quiere mantenerlas, será más fácil apoyarlas y respetarlas.

Los acuerdos sirven para mover fronteras y esto siempre causa tensión y fricción. Éstas no son ni buenas ni malas;

todo depende de la definición que la persona le quiera dar. Se cree que una relación perfecta es aquella donde no hay diferencias y por lo tanto tampoco existen fricciones, pero esto es imposible. El solo hecho de que el individuo necesite fronteras ocasiona fricciones. Tomar acuerdos va a producir mucha fricción y por lo tanto requiere mayor energía para compensar el desgaste que esa fricción ocasiona. Esta energía puede usarse en una forma creativa y nutritiva. Cuando un organismo se encuentra en un medio ambiente diferente, inmediatamente tiene que ajustarse a este nuevo ambiente y esto causa fricción y tensión, tanto por el nuevo aprendizaje, como por experimentar y cometer errores. Los miembros de una relación pueden tomar esta fricción como un resultado positivo de su desarrollo, y rescatar los aspectos creativos a pesar de vivir momentos destructivos y de presión. Entonces llegarán a una conclusión satisfactoria para ambos.

El hombre necesita aceptar esa fricción y energía, y aprender a ser flexible para poder soportarla y, sobre todo, usarla en la mejor forma posible. Es la misma fricción la que puede servirle como indicador del estado de su relación con la pareja. Si hay demasiada fricción y resulta insoportable, es mejor buscar una solución ecológica. En muchas ocasiones se puede estar de acuerdo en no estar de acuerdo, es decir, reconocer las divergencias. Hay muchas maneras de negociar para que las diferencias de opinión no sean causa de conflicto y malestar. Existen situaciones en donde las personas involucradas en una relación no pueden llegar a ver el mismo punto como algo que les favorezca a ambos; en este caso, pueden aceptar que no están de acuerdo. Pero cuando estos desacuerdos llegan a ser insalvables, es tiempo de revisar la relación y quizá acordar la separación.

Para ser creativo y nutritivo con esta fricción, es necesario establecer acuerdos muy claros y que estén basados en las necesidades que ha detectado, apoyándose en sus reguladores ecológicos. De este modo, los acuerdos estarán basados en sus verdaderas necesidades. La misma fricción es una clave para crear relaciones cooperativas, íntimas y democráticas, y resolverla conduce al acercamiento, confianza y afirmación de la relación.

Con todo este proceso, el hombre se crea un mundo totalmente nuevo y diferente. Por primera vez pone atención a su *Yo real* como el más importante para él, a la vez que es parte de una relación equitativa. Mantiene sus propias fronteras y acuerdos, y esto lo ayuda a mantenerse saludable y seguro, pues tiene la energía y la información para dirigir su vida en una forma más creativa. Pero lo más importante es que no invade las fronteras de otras personas sin su permiso y esto lo lleva no sólo a detener su violencia, sino a crear relaciones íntimas y satisfactorias.

Todos los compañeros que vienen al programa para dejar de maltratar a sus parejas, dicen que les hubiera gustado aprender estas herramientas antes de ser violentos, porque todos quieren obtener la satisfacción de ser los mejores hombres que pueden ser y aportar algo a las personas que los rodean para que también sean lo mejor que ellos y ellas pueden ser.

Entrevista a Ricardo (segunda parte)

—*¿Cómo es la relación con tu familia ahora?*

—Cuando me preguntaste qué cambios ha habido, yo te dije que iba a sufrir un poquito para responderte. Porque yo me quedé pensando; me quedé en silencio. Ahora esa relación es mucho mejor.

—*¿Puedes dar ejemplos concretos de cómo esta relación con tu familia es mejor ahora?*

—Sí, te puedo dar ejemplos concretos. Primeramente con mi esposa. En la cocina, en la sala y en la recámara hay un respeto para ella y ella se da cuenta; eso es algo concreto.

—*En la relación con ella, ¿cómo hablan, cómo se relacionan el uno con el otro?*

—Nos hacemos más cariños ahora que antes no había, antes cuando hablábamos parecía que ya nos íbamos a matar cuando estábamos hablando. Y ella podía jurar que no estaba enojada y yo podía jurar que no estaba enojado; pero si yo le hacía un cariño sólo conseguía asustarla. Precisamente ayer le hice un cariño cuando estábamos comiendo en la casa de una amiga y le dio mucha alegría; todos querían saber por qué y ella sólo les dijo: «después les digo».

Cuando ella me pide algo, ahora me lo pide con más confianza; no con la expectativa de negación como antes. Cuando ella me pide algo confiada, ahora ya sabe que yo estoy para servirle. Antes ella me pedía algo y yo no lo hacía, pero de ella para mí sí tenía que existir el servicio. Pero ahora yo siento que me debo más a ella y ella se siente con confianza de ir conmigo a cualquier parte; de ir a comprar cualquier cosa y sabe que la esperaré todo el tiempo que ella quiera.

—*¿Cuántos hijos tienes?*

—Cinco.

—*Ahora te voy a hacer una pregunta difícil; ¿cómo piensas que la violencia afectó a tus hijos?*

—Gracias por anticiparme que es una pregunta difícil; la respuesta también es difícil. A medida que he aprendido a asumir la responsabilidad por mi violencia, a quedarme en mi riesgo fatal y guardar silencio ante las circunstancias de la vida, también vuelve el recuerdo y entonces es cuando siento lo que aquí en el programa llamamos los impactos. Cómo me ha afectado, cómo ha afectado a mi familia. Tristemente, te digo que nos ha afectado grandemente; no sólo mi trasfondo violento los afectó: también mi acto de violencia los afectó duramente. Ellos sí fueron castigados y golpeados duramente.

Ahora, ¿en qué sentido me preguntas sobre mi familia?, ¿en qué partes, en que área de su vida están golpeados? Bueno, primeramente mi esposa: en qué área de su vida ha sido golpeada por mi violencia. Yo siento que ella es una persona que nació con derechos; nació con emociones, con derecho a vivir y a expresarse, y creo que nunca la dejé expresarse. Si alguna emoción sintió, se quedó con esa emoción y no la pudo expresar, que yo recuerde que la dejara. La martiricé, y ese martirio yo sé que vivirá con ella por muchos años. El tiempo que ella estuvo sola, como te decía antes, unos seis años y medio yo tenía temor de que ella, al vivir sola, se hiciera rebelde conmigo; recuerda que te estoy hablando de cómo trabajaba mi mente en ese entonces. Aun así, ese tiempo de estar sola no le facilitó a ella actuar; yo la encadené siempre de sus manos, de su lengua y de sus pies. Ése es un impacto que ella recibió, un daño que mi violencia le causó.

Si hablamos de mi acto de violencia por el cual yo fui a la cárcel, de esa manera ella ha sido afectada muy directamente por haber estado presente frente a frente con la policía y haber estado cara a cara ella, mi hija y otras dos personas, una que es su sobrina; y la policía, estar en una rueda así, en un cuadro de esos, haber recibido esos golpes y, después de los golpes, la presencia de la policía; después, en el instante en que yo le di la espalda para caminar con el policía y ella alcanzó a ver mis esposas, si se puede decir así. Después de tantos años de martirio, de recibir este «premio de violencia», se podría decir, es duro para ella. Durante muchos años ella soportó mi violencia; es como una amarga recompensa que ella recibió de toda mi violencia. Por que yo siento que esa amarga recompensa que ella recibió en ese instante, si estuviéramos en un lado positivo, pudo haber sido diferente; por lo menos, después de tanta violencia voy a recompensarla a vivir una vida mejor, pero antes de vivir una vida mejor, yo siento que es un premio muy amargo que yo le presenté a ella. Haber salido rodeado de policías y haber ido a terminar en la cárcel, donde ella nunca hubiera querido verme.

Porque ella dice que nunca nunca hubiera querido verme en la cárcel. Si lo dijo alguna vez fue en un momento de enojo o qué sé yo, pero en su corazón ella me tuvo amor, siempre me tuvo cariño y entonces no quería verme en la cárcel, pero yo mismo me gané ir a la cárcel. Entonces, eso la ha golpeado ella duramente. Como te digo, ella todavía alcanzó a decirle a mi hija: «no llames, no llames, él está enojado; por eso está hablando así.» Todavía con todo eso y la vida que yo le di, se mira que ella no quería verme en la cárcel. Pero ya no había forma de dar un paso hacia atrás; tenía que caminar las escaleras hacia la calle e ir a la cárcel. Esa imagen la lastimó mucho. No podemos hablar al respecto, no me animo a tocar ese punto, y ella tampoco se atreve a hablar de ese asunto, lo hemos dejado así quién sabe por cuantos años. No puedo yo hablar con ella de aquel momento que salí de mi hogar a la prisión por causa de mi violencia, quién sabe por cuántos años. Con mi hijo Raúl ya nos vamos teniendo un poco de confianza, pero con mi esposa en ese punto que yo te digo, ella ha sido martirizada muy duramente por mi violencia.

Con mis hijos el castigo es igual o peor. Yo siento que todo ha sido una tragedia. Porque tengo una hija que ya estaba casada cuando esto pasó, mi hija mayor. Y ella ha cogido un gran temor de que yo vuelva a hacer lo mismo y a la cárcel otra vez. Porque ellos mismos han oído, pero no porque yo se los haya dicho; ellos conocen el marco de la libertad provisional. Si yo fuera una persona correcta, ningún temor me daría de estar en libertad condicional; yo creo que para el que tiene sano juicio no hay ningún temor. Y entonces, mi hija tiene miedo de que yo vuelva a cometer un acto de violencia. Yo quisiera que un año fuera suficiente para que ellos cojan confianza conmigo, para que mi hija confíe en mí, pero sé que no va ser suficiente un año, ni dos, ni tres; no sé cuánto de la vida voy a necesitar para que mis hijos me vuelvan a querer, pero principalmente mi hija que está compartiendo su vida con otro hombre, con su pareja. No sé, a ella, con respecto de mí yo sé que ella tiene desconfianza; se siente atemorizada. Quisiera estar ahí para protegernos. Después de eso, ella casi no quería salir de la casa, tenía temor. Entonces tuvimos que hablar mi esposa y yo con ella. Porque ella tenía que volver a su hogar donde está, pero ella no está segura. De hecho nos llama, nos quiere ver a cada rato, quisiera estar ahí para saber, quisiera protegernos las 24 horas del día, será por el mismo temor que ella tiene. Por eso digo, de mis hijos, yo sé que todos están sufriendo actualmente; ella sufre en esa manera.

—*¿Cuánto tiempo tienes en el programa?*

—Tengo 16 o 17 semanas.

—*¿Qué le dirías a un hombre que está siendo agresivo con su esposa?*

—¿Quién soy yo para decirle algo a alguien que está siendo agresivo?, mi boca debería estar callada para siempre, porque con todo lo que te dije, casi te diría que tengo vacío mi corazón; no puedo aceptar, no puedo concebir la idea de que otras personas están haciendo lo que yo hice, pero ahora me doy cuenta de que la violencia es el pan de cada día y que no podemos conformarnos. Nunca es tarde para mí; yo creí que ya era demasiado tarde, pero no; no es tarde. Si me faltara un día para morir, en ese día que me quedara de vida le diría a cualquier hombre que está siendo agresivo con su pareja que deje de hacerlo inmediatamente. Porque es amargo, amargo como el ajenjo; no el castigo que uno recibe de parte de la ley, sino el castigo que uno recibe cuando viene a despertar y a saber que era violento, que la autoridad era falsa, que nunca fue cierta. Eso le diría.

—*¿Hay algo más que quieras decir?*

—Hay muchas cosas, muchas. La más importante, que hubiera querido saber de estos programas hace mucho tiempo. Perdí mi tiempo creyendo que era un macho en mi hogar, creyéndome el dueño de mi esposa y de mis hijos. Ojalá que las puertas de este programa se hubieran abierto antes, porque es cierto que hemos recibido enseñanzas de la iglesia, y primeramente nos debemos a Dios. A él le debemos que ahora mi violencia no me llevó al suicidio; Dios tuvo misericordia de nosotros, porque ahora yo vengo a saber que el ciclo de la violencia termina en el homicidio o en el suicidio. Sin embargo, a pesar de las enseñanzas, pero visto desde el punto de autoridad, ojalá yo hubiera conocido, recibido algún consejo; alguien que me hablara de estas cosas antes, de este programa. Yo no sé si habrá otros programas, no sé.

También dentro de otras cosas importantes que están en mi mente ahorita, por decir, sé que no he perdido mi tiempo y mucho menos si hablara de dinero. El respeto que de por sí debí haberle tenido a mi pareja y a mi familia, no hubiera aprendido a comprarlo con ningún dinero; pero la manera en que aquí están despertando mis sentidos, que están despertando mis ojos, si hablara de tiempo, yo no tengo, ni nadie tiene de qué quejarse del tiempo que estamos en el programa. Y si hablara de dinero mucho menos. Yo no sé qué hacen con el dinero que nosotros traemos. Yo no sé para qué tanto puede alcanzar, porque no es nada comparado con el beneficio que yo he recibido.

Afuera de estas puertas han hecho comentarios del programa, y hasta hoy es positivo. Personas que me han oído hablar y nadie se ha espantado.

Mi hijo primeramente, en este momento quiero agradecerle a mi hijo porque fue abierto cuando yo hacía los comentarios del programa. Mi hijo se mostró despierto, inquieto y alcanzó a poner sus pies aquí. Y también le agradezco a mi facilitador Luis por haberme abierto las puertas y los brazos; a mí y a mis compañeros.

Y a cualquier hombre que está siendo violento, que está maltratando a su pareja, yo le diría que busque un recurso como el que yo he encontrado ahora. Porque tal vez todavía aquellos hijos que están detrás de nosotros, hembras o varones, sean propensos a destrozar cualquier hogar; a destrozar a sus cónyuges o a sus novias. Que aquellos muchachos puedan pisar un terreno diferente. Así como mi hijo, que siento que va por un camino diferente. Yo siento que no va a tener necesidad de poner sus pies donde yo los he puesto; lugares tan oscuros como la prisión; que no se la deseo a nadie, a ningún hombre; menos a mi hijo. Por eso me siento contento de que él esté compartiendo conmigo; yo siento que él también es importante en mi vida ahora. Me siento acompañado por mi hijo y aun en la casa me siento que él me protege; me protege sólo con estar presente ahí; me siento comprometido a seguir adelante.

Ejercicio 9

Este ejercicio le ayudará a entender los puntos que puede usar o está usando para crear una mejor relación.

1. ¿Cómo proceso los problemas?
2. ¿Cómo proceso la cotidianidad e intimidad?
3. ¿Mi cultura tiene una influencia extrema en mi relación?
4. ¿Mi medio social tiene demasiada influencia en mi relación?
5. ¿Tengo claras las fronteras entre mis espacios internos (emocional, intelectual, físico) y externos (cultural y social)?
6. ¿Conozco y apoyo las fronteras de mi pareja?
7. ¿Cómo negocio las fronteras, es decir, qué hago para restablecer los límites entre mi pareja y yo?
8. ¿Hago y mantengo acuerdos con mi pareja?
9. Cuando existe fricción entre mi pareja y yo, ¿puedo mantener las fronteras de ambos y llegar a acuerdos productivos con ella?

Soluciones

*Esto es algo que tenemos que aprender,
porque en esto va el cambio de la vida de un
hombre agresivo a un hombre sincero.
Va a poder conocerse a sí mismo y sus
sentimientos; si no, no es nadie.*

LOSP

Las soluciones a la violencia del hombre en el hogar se pueden dividir en dos áreas: a nivel de la comunidad y a nivel individual. Los capítulos anteriores han dado una visión de lo que el hombre necesita hacer individualmente para dejar de ser violento; sin embargo, aún quedan muchas preguntas por contestar: ¿qué motivación tiene el hombre para cambiar?; ¿cómo van a llegar los hombres a tomar este proceso de cambio como algo que necesitan y quieren hacer?; ¿cómo se asegura el hombre de que si empieza el proceso de cambio lo completará?; ¿cuándo sabe que ya lo completó?; ¿por qué es necesario un proceso tan complicado?; ¿cómo se puede asegurar que la mujer no será maltratada de nuevo?; ¿cómo reparar los daños en la mujer, los hijos e hijas?; ¿cómo podrá recuperar la mujer la confianza en el hombre?; ¿cuándo y cómo puede saber la mujer que va a estar segura?; ¿cuándo es necesario separarse? Estas son algunas de las preguntas que muchas personas se han hecho en mis clases, presentaciones y capacitaciones. Estamos hablando de las soluciones desde el punto de vista del hombre, así que no intentaré dar las soluciones que muchas mujeres están desarrollando desde su perspectiva.

Tenemos que aclarar que este proceso de cambio es sólo una forma para que el hombre detenga su violencia, y hacerlo depende de cada individuo. Se puede llevar a un hombre con la mejor médica del mundo, pero si él no quiere consultarla, de nada le sirve que sea la mejor. Individualmente, es imperativo que el hombre tenga un deseo muy firme de dejar de ser violento.

La respuesta a la primera pregunta es que el hombre se dé cuenta de que su violencia sólo le acarrea problemas. La mayoría de los hombres que buscan ayuda para dejar de ser violentos están en una crisis que los obliga a buscar soluciones no violentas, porque su violencia no funciona y los está dañando. Sólo cuando la mujer se ha ido con los hijos e hijas, el hombre busca apoyo, porque su violencia ha causado impactos palpables. Generalmente, los hombres creen que van a asistir a un programa en que les enseñarán cosas sencillas para recuperar a su pareja, no para dejar de ser violentos. Una vez dentro de los programas, estos hombres encuentran y aceptan que su violencia los ha llevado a una crisis. Todo cambio surge cuando algo que la persona está haciendo ya no le funciona y necesita algo nuevo que le ayude a ajustarse mejor a su medio. La motivación para que el hombre deje de ser violento es sufrir las consecuencias por su violencia. Por otro lado, como ya dijimos, el hombre violento sabe que su conducta es indeseable y de alguna manera se avergüenza de ser violento. Aunque haga bromas sobre su violencia, internamente sabe que esto lo está afectando y que necesita dejar de hacerlo, puesto que siempre existe su *Yo real*.

Desafortunadamente, en Latinoamérica (como sucedió en Estados Unidos hasta hace poco), cuando el hombre es violento en el hogar, las consecuencias que sufre son mínimas; de hecho, muchas veces su violencia contra la mujer es vista como algo deseable y necesario. En la mayoría de los casos, la motivación no surge de él mismo, sino de los límites sociales y legales que se le impongan.

Para que los hombres lleguen a ver este proceso de cambio como algo deseable, es importante que la sanción social a su violencia sea revertida. El proceso de colusión social es muy fuerte. Prácticamente toda la historia de la humanidad está fundada en la creación de jerarquías de control. En

Latinoamérica, esta colusión es muy fuerte; muchas de nuestras tradiciones se basan en un control de la mujer por parte del hombre. En la cultura latinoamericana, la visión de la mujer es prácticamente de no existencia en cuanto a derechos, y sólo valida su presencia por su potencial para proveer de servicios al hombre, es decir, para dar todos sus recursos al hombre a fin de satisfacerlo. Las sociedades sancionan y promueven esta visión apoyando al hombre para imponerse mediante el uso de la violencia. Para que el hombre acepte que necesita dejar de ser violento, esta colusión social tiene que terminar. Cuando el hombre vea que dentro de su grupo social la violencia hacia la mujer no es aceptable y que existen posibilidades de relaciones satisfactorias sin violencia, empezará a desear este tipo de relaciones.

Es claro que el proceso de cambio es extremadamente complicado, pues no sólo hay que cambiar aspectos personales, sino sociales y culturales. Las culturas se crean en una forma paulatina y esto produce una sensación de inmutabilidad, pero es importante saber que no tenemos tiempo para erradicar la violencia del hombre en el hogar y debemos empezar en este momento a cambiar individual, social y culturalmente. El proceso es tan complicado porque requiere cambiar patrones que se establecieron desde hace muchos siglos. Por otro lado, cada hombre necesita dejar el privilegio de actuar como superior y esto es un precio aparentemente muy alto. Algunos individuos se benefician de una estructura económica en donde ellos mantienen el control; un empresario, por ejemplo, goza de beneficios específicos que le da su posición social y económica. Pero en la estructura patriarcal todos los hombres se benefician de usar los recursos de las mujeres. La alianza del empresario y su chofer contra las mujeres les asegura el manejo de los recursos de ellas.

Cada hombre necesita analizar su propio proceso y decidir si quiere o no participar en esta opresión de la mitad de la humanidad; esto es lo complejo. Esto es muy importante para erradicar su violencia del hogar, porque le permite al hombre hacer cambios inmediatamente perceptibles y que van a influir directamente en su vida. Cada hombre (como ser individual) no puede cambiar toda la sociedad ni su cultura, pero sí puede cambiar su sociedad más cercana: su relación familiar.

Cuando nuestras culturas hagan inaceptable que el hombre golpee a su pareja y ser violento le cause consecuencias negativas, entonces el hombre dejará de usar la violencia. Cuando todo el grupo social ejerce una gran presión sobre el hombre violento, hay más posibilidades de que éste acepte que tiene que cambiar o se retire del grupo. Si la cultura apoya al individuo a actuar con equidad y cooperativamente, él va a actuar en esta forma. Cuando el hombre violento ve que existen relaciones en las que otros hombres no son violentos, y sobre todo los resultados positivos, él también deseará tener este tipo de relación.

Una vez que un hombre ha empezado su proceso de cambio, esto no necesariamente asegura que dejará de ser violento. Necesita poner en práctica lo que aprende; también, y lo más importante, saber que necesita un cambio muy radical y que al principio se va a sentir muy extraño. Para asegurarse de completar el proceso, tiene que saber que éste no termina, que cambiar a la equidad es una forma de vida, no sólo una idea que se puede tener un día para olvidarla al siguiente. Como cualquier actividad, relacionarse con otra persona siempre se puede mejorar en muchas diferentes formas y éste es un proceso permanente. Sobre todo porque estamos cambiando tradiciones de siglos: las relaciones patriarcales de opresión. El hombre puede decir que ha alcanzado un progreso suficiente sólo cuando su pareja ya no le tiene miedo; cuando puede expresar todas sus ideas, motivaciones y deseos, y él los acepta como válidos, los respeta y los apoya.

Es importante que el hombre reflexione honestamente y reconozca si aún quedan aspectos por cambiar de su machismo y su violencia.

La mujer no puede saber realmente cuándo estará a salvo de la violencia del hombre, porque sólo él sabe cuáles son sus intenciones. Aunque el hombre inicie un proceso de cambio, esto no le asegura a la mujer que él va a cambiar. Si él ingresa en algún programa de atención o tratamiento para hombres violentos, tampoco esto es una garantía de cambio; no hay quien pueda predecir si ese hombre realmente tiene el deseo de cambiar y dejará de ser violento. La única forma en que la mujer puede asegurarse de que no va a ser violentada de nuevo, es crearse un medio ambiente en el que no exista la violencia.

Los daños a hijos e hijas son prácticamente irreversibles, especialmente si han presenciado patrones de violencia rutinaria. Las cicatrices emocionales que dejan estos actos cometidos por la persona de quien esperan que los apoye son muy profundos, y causan graves daños en todos los niveles del niño o la niña. Incluso cuando el hombre ha dejado de ser violento, los hijos e hijas pueden tardar muchos años en recuperarse, si es que lo logran. Es necesario que cuando el hombre deja de ser violento, los hijos, hijas y la pareja pasen por un proceso de recuperación que puede incluir grupos de apoyo, psicoterapia, educación para analizar el proceso de ser victimizados y tratamiento médico, si es necesario.

Soluciones colectivas

Existen varios niveles de soluciones que es importante mencionar. Por un lado, se obtiene un cambio cultural al influir y cambiar las formas de educación, religión, medios masivos de comunicación y tradiciones. Por otro, cambios sociales que abarcan una nueva legislación, agencias de protección a infantes, hospitales, refugios para mujeres y apoyo de la policía. A continuación analizaremos cada uno de estos elementos.

Educación

Hasta ahora, la educación no ha reconocido los problemas de género como algo que es necesario estudiar y trabajar. Los papeles diferenciados entre hombres y mujeres se replican en los sistemas educativos a todos los niveles. Desde la educación más temprana se inculca a las personas la pertenencia a un género con sus expectativas limitantes de conducta y pensamiento. Los planes de estudio están basados en la glorificación de un sólo género: el masculino. La historia, por ejemplo, es digna de estudio si se refiere a los héroes-hombres, y de vez en cuando otorga el crédito a mujeres sobresalientes por haber podido entrar o retar a la estructura masculinista. Sin embargo, incluso en los casos en que alguna mujer logra entrar en la historia como personaje importante y como un modelo, es mejor no seguir su camino porque el sufrimiento que tuvieron que soportar es algo que no cualquier persona estaría dispuesta a aceptar.

Como ejemplo tenemos a Sor Juana Inés de la Cruz, que a pesar de ser una de las personas más brillantes de su generación fue controlada y coaccionada con límites que los hombres no estaban dispuestos a dejar. La limitaron por ser mujer, no por que no tuviera capacidad. ¿Cuál es la diferencia entre la violencia doméstica y la opresión que ella padeció? No mucha, sólo que ella no estaba casada con uno de esos hombres, pero aun así ellos se creían sus dueños y por lo tanto tenían que limitarla, sólo por ser mujer.

Los planes de estudio necesitan entonces cambiar y adoptar una sensibilización para que no se establezcan expectativas de género y se promueva tanto a mujeres como a hombres con igualdad. Dentro de estos planes de estudio, es necesario dar información sobre la violencia intrafamiliar y el abuso sexual. Estos temas siguen siendo un tabú, pero mientras no existan herramientas de análisis que ayuden a los y las estudiantes a entender su realidad, éstos continuarán siendo víctimas fáciles debido a su falta de experiencia y de elementos para analizar y comprender mejor su situación.

Muy pocas escuelas primarias (si es que las hay) están alerta y tienen la capacitación necesaria para identificar la violencia que niños y niñas viven y padecen en su hogar. Los y las maestras probablemente observan que baja el rendimiento académico de sus alumnos y alumnas, aparentemente sin razón. Es muy probable que la causa sea la tensión del abuso que están presenciando o del cual están siendo víctimas. Las soluciones a este nivel son, en principio, capacitar a maestros y maestras para que identifiquen los impactos de la violencia intrafamiliar y puedan intervenir pronto, a fin de evitar un daño irreparable. Esto también crea un problema de personalización del problema. ¿Cómo va a actuar el maestro que a su vez está siendo violento en su hogar?, ¿cómo actuará la maestra que probablemente está siendo maltratada? Ambos necesitan revisar sus realidades y empezar a evaluar si requieren hacer cambios en sus propias vidas; si es que realmente quieren educar a los niños y niñas y crear una sociedad sana.

A nivel secundaria es importante profundizar en el tema de las relaciones y los problemas y satisfacciones que éstas conllevan. Es muy importante analizar temas como la educación sobre sexualidad, género, paternidad, homofobia, homosexualidad, pornografía, violación, abuso infantil, alcoholismo otros, pero desde una perspectiva de género; por lo general, los estudiantes tienen acceso a éstos en una forma inadecuada y que refuerza las expectativas culturales de género.

Es importante reconocer que desde este nivel se encuentran actos de violencia contra las mujeres estudiantes. Mientras no se hable abiertamente de la violencia que ellos y ellas están presenciando en su hogar y quizá también perpetrando o sufriendo, más se apoya esta violencia y más se aísla a la mujer estudiante, porque cree que el problema es sólo suyo. Es muy importante que aquel estudiante que empieza a crear relaciones con sus compañeras entienda que existen muchas formas diferentes de relacionarse y que pueden ser muy satisfactorias sin violencia. Esta parte de la vida del estudiante es muy importante, pues aquí se empiezan a establecer patrones de conducta. Este proceso debe continuar a nivel preparatoria.

A nivel universitario es importante tener la capacitación adecuada para preparar a los y las futuras profesionales, de manera que puedan identificar y trabajar con los efectos de la violencia intrafamiliar a todos los niveles: psicológico, médico, en salud pública, etcétera. Es muy común escuchar que, caso tras caso, el psicólogo le diga a la mujer que el hombre le pega «porque ella lo provoca», y que si deja de hacerlo se acabará la violencia. Los médicos siguen aceptando el argumento de la mujer que cada semana se cae y se golpea la cabeza, aunque es obvio que la herida sucedió a manos de alguien. Los y las trabajadoras sociales y maestros también aceptan muy fácilmente que el problema no existe. Muchos de estos profesionales no tienen mala intención, sino que no han aprendido y no tienen los elementos suficientes para identificar y resolver el problema de la violencia intrafamiliar.

Entre los profesionales más importantes están los médicos; ellos tienen acceso inmediato a las víctimas de violencia intrafamiliar. A ellos y ellas les toca curar las heridas físicas causadas por el hombre y en muchas ocasiones realmente no ponen atención a la raíz de la solución del problema. Tratar las heridas físicas sin reconocer que éstas son causadas en el hogar y voluntariamente, es una forma de dejar el problema sin solución: atienden a la mujer sólo para que ésta vuelva pronto con heridas aún más severas. Es necesario tratar y dar un seguimiento a las víctimas de violencia intrafamiliar; que el médico canalice a estas mujeres a programas donde le ayuden, por un lado, a revisar su situación y, por otro, a encontrar alternativas para terminar con el maltrato. También es importante, cuando la víctima lo requiera, que el médico o profesional que la atienda colabore con sus reportes sobre el estado de la paciente para que ella pueda denunciar al agresor. Es fundamental mantener un historial de la violencia del hombre, pues en muchas ocasiones cuando se establece un proceso legal, la mujer necesita ese antecedente para que ella y sus hijos estén a salvo del hombre violento.

Algo muy importante es hacer investigación de género y violencia, pues aún hoy estamos empezando a descubrir y trabajar sistemáticamente con este enfoque. Existen muchos aspectos de la violencia intrafamiliar que no entendemos, por lo que es urgente identificar cuáles son los patrones, qué programas sirven mejor para ambas partes, qué consecuencias sufren los hijos e hijas, cómo ayudarlos, etcétera.

Religión

La religión es una forma cultural muy fuerte en Latinoamérica. Desafortunadamente, la mayoría de los sacerdotes también tiene creencias patriarcales y por lo tanto apoyan la opresión de la mujer. Esto se hace evidente en las posiciones que la iglesia toma respecto de la propia estructura eclesiástica que no permite a las mujeres participar en puestos equivalentes a los de los sacerdotes.

En muchas ocasiones, los sacerdotes aconsejan a la mujer que vuelva al hogar, junto a su marido violento, porque tiene que obedecerlo «como cabeza del hogar», y no puede ni debe alterar las prescripciones de la iglesia sobre el matrimonio. Ellas regresan para volver a ser maltratadas en poco tiempo, pero además ahora su maltrato es doble por la colusión del sacerdote con el hombre violento. La separación y el divorcio son medios legítimos a los que la mujer puede recurrir cuando necesita ponerse a salvo de la violencia del hombre. En lugar de insistir en que la mujer se quede en esa relación destructiva, la iglesia puede ser un factor de apoyo para evitarla, aceptando que el bienestar de la mujer debe estar antes que las ideas sobre el matrimonio.

En cuanto al aborto, la iglesia asume que es algo terrible y que no debe llevarse a cabo aunque la vida de una mujer sea invadida por la violencia del hombre. Es una forma cultural de ver el cuerpo de la mujer como una pertenencia del hombre; de nuevo, los sacerdotes (hombres) toman decisiones sobre lo que puede o no hacer la mujer con su propio cuerpo.

Las estructuras religiosas pueden ayudar mucho al obtener capacitación para identificar y ayudar a resolver la violencia del hombre en el hogar en formas prácticas. Pueden ofrecer talleres de información y crear grupos de apoyo, tanto para mujeres como para hombres. También pueden ayudar a la mujer que está en peligro de muerte o de ser golpeada, dándole refugio o medios de escape. También pueden empezar a crear un ambiente en que no se apoye al hombre en su violencia.

Pero sobre todo pueden participar cambiando la cultura patriarcal de opresión en el hogar. El sacerdote puede tener una gran influencia donde otras personas profesionales y no profesionales no tienen acceso. Pueden usar esta influencia para ayudar a crear una vida más segura para toda la comunidad, ayudando a cambiar las dinámicas sociales y familiares.

Medios masivos de comunicación

En los lugares más remotos de Latinoamérica se tiene cuando menos un radio o una televisión. La programación en ambos medios está dirigida al consumo de modas musicales, vestidos, alimentos y especialmente de alcohol. Es muy triste ver en lugares alejados de las grandes ciudades cómo las personas consumen alimentos y bebidas extremadamente caras y sin el mínimo valor nutritivo; o cómo hasta los niños memorizan toda la letra de las canciones de moda, cuando no saben leer, sumar, restar, cuál es el país vecino y mucho menos su capital. El radio se escucha día y noche, como una forma de compañía constante, creando una ilusión de bienestar y diversión. Han surgido algunos programas que, aunque limitados, son muy importantes porque abordan temas de interés social. Sin embargo, este tipo de programación no tiene una amplia difusión, debido a que no se ha educado al radioescucha para recibir una programación de contenido y análisis.

Las telenovelas, que son vistas tanto por hombres como por mujeres, refuerzan los papeles tradicionales de género, donde toda relación amorosa está teñida por la tragedia, que gira especialmente alrededor de la mujer. Generalmente, las imágenes contienen una gran cantidad de violencia física y los diálogos incluyen una constante amenaza hacia la mujer. Los programas de «diversión» recurren constantemente a sobajar a las mujeres con chistes e imágenes agresivas hacia ellas. En caso de que estas agresiones no sean directamente contra la mujer, son dirigidas a otro hombre cuya mujer lo engaña. La diversión incluye el maltrato a la mujer como un chiste, lo que representa una forma de colusión social. Las películas populares también replican siempre las expectativas culturales de género. Generalmente, no son muy diferentes de las telenovelas.

La radio y la televisión crean cultura y la modifican con gran rapidez, debido a que tienen un público que pasa horas escuchando y viendo su programación. Estos medios se pueden usar para cambiar estas formas colusivas y empezar a dar información a la población sobre cómo evitar la violencia en el hogar. Pueden poner anuncios permanentes de información con teléfonos de agencias y grupos de apoyo, para que las personas tengan alternativas. Los medios pueden dar cabida a programas de análisis con personas expertas en el tema y también pueden establecer una programación sin violencia.

Tradiciones y culturas

Cuando las culturas empiezan a cambiar y a ver algo como indeseable, empiezan a apoyar conductas y actitudes alternativas. Dos ejemplos son el desarrollo de Alcohólicos Anónimos en todo el mundo y el grupo de madres en contra de manejar borracho (*Mothers Against Drunk Driving*) en Estados Unidos.

En el primer ejemplo, los grupos de Alcohólicos Anónimos promueven un cambio interno, a la vez que indirectamente promueven un cambio cultural. La dinámica de apoyo que se crea en los grupos al escuchar y compartir experiencias, hace que la persona busque un mayor nivel de intimidad que el que le ofrecen las relaciones comunes. Esta es una nueva cultura, pues lo anterior y común es no relacionarse profundamente por pensar que se va a usar esta profundidad o acercamiento en contra suya. Las celebraciones de las personas que acuden a los grupos de AA son muy diferentes de otras cuya principal razón para reunirse es beber alcohol. Cuando las personas se rehúsan a participar en celebraciones donde el principal motivo es beber alcohol, están cambiando la cultura.

En el segundo ejemplo, en Estados Unidos las madres de muchachos que murieron en accidentes automovilísticos por causa del alcohol crearon este grupo para empezar una campaña contra manejar en estado de ebriedad. Mediante una fuerte presión se empezó a crear una cultura diferente en la cual las personas no han dejado de beber, pero generalmente asignan a una para que se encargue de manejar si las otras beben. Esto se ha difundido y ahora empieza a dejar de romantizarse el uso del alcohol y muchas personas han empezado a crearse vidas diferentes, a hacer ejercicio y preferir actividades más saludables, como andar en bicicleta en grupos. Esta iniciativa ha creado una actitud diferente en muchas personas, no sólo por la presión, sino porque ha contribuido a tomar conciencia del problema.

De la misma manera, el hombre sólo se siente motivado para cambiar cuando no encuentra apoyo para seguir siendo violento. Si su cultura lo apoya para resolver los problemas en una forma cooperativa, es obvio que recurrirá a esos medios en lugar de a la violencia. Especialmente, si su conducta violenta es reprobada como una forma de interacción y participación en el grupo; entonces es muy probable que prefiera no usarla, al darse cuenta de que no le funciona.

Es claro que la propuesta debe estar basada en la posibilidad de que realmente existan culturas que no apoyen la violencia en general, y en especial la violencia hacia la mujer. Gilmore documentó que existen dos culturas en las cuales no se glorifica la violencia; de hecho, reprueban las conductas violentas. Éstas son la tahitiana, en la antigua Polinesia

Francesa, y la semai, en Malasia Central.[1] Según Gilmore, «se hacen muy pocas demandas a los hombres tahitianos. No cazan; no tienen labores pesadas o peligrosas que (en otras culturas)[2] se consideran masculinas. No hay guerras ni contiendas.»[3] «La prohibición de la agresión llega al punto de excluir pensamientos de venganza aun cuando se les haga trampa».[4] Para los semai, «...la personalidad está basada en una autoimagen omnipresente de no violencia... Nunca pelean ni se golpean entre sí; de hecho, las discusiones ruidosas están prohibidas porque el ruido asusta a la gente.»[5]

Como menciona Gilmore, estos ejemplos nos hacen pensar que la masculinidad no es establecida biológicamente y, lo más importante, que la violencia es producto de la cultura patriarcal y obviamente no es natural. ¿Se pueden crear culturas parecidas? Yo pienso definitivamente que sí y que no sólo es posible, sino que es fundamental para acabar con la violencia, tanto en el hogar como a nivel social.

Penalización de la violencia intrafamiliar

En Latinoamérica existen muy pocos países con leyes sobre la violencia del hombre hacia su pareja; aunque esto ha empezado a cambiar. En Estados Unidos, la legislación que impone acciones penales en contra del hombre violento ha probado ser muy efectiva. La mayoría de los usuarios o de los hombres que llegan a los programas anti-violencia para hombres son enviados por la corte, y esta disposición forma parte de la sentencia. Hasta ahora, las leyes protegen a propiedades y personas fuera del hogar, pero se supone que el hogar es un santuario personal que no se debe legislar.

---

[1] Gilmore, David; *Op. Cit.,* p.202.
[2] Aclaración del autor.
[3] Gilmore, David; *Op. Cit.,* p. 205.
[4] *Ibid,* p. 205.
[5] *Ibid,* p. 212.

La controversia continúa, pero el hecho es que si un hombre golpea a una persona fuera del hogar es arrestado; sin embargo, si lo hace dentro de su hogar se supone que tiene el derecho absoluto, no importa que las personas que sufren su violencia estén siendo destruidas. Es necesario saber que, aunque el hombre se cree el dueño absoluto de su hogar y de las personas que lo habitan, estas ideas son muy parecidas al fascismo que no podemos tolerar. Cuando un hombre maltrata a su familia tiene que ser presionado y penalizado para que deje de hacerlo porque los daños que causa afectan a toda la sociedad, no sólo a la mujer o los hijos en el hogar. Es necesario implementar las leyes penales cuando el hombre infringe los derechos de otras personas, y esto es lo que el hombre violento hace con su familia, infringir sus derechos.

Por todo lo anterior, es evidente la necesidad de crear leyes que pongan límites muy estrictos a los hombres que quieren seguir siendo violentos. Por fortuna existen programas de tratamiento para estos hombres; si el problema fuera consiste en cambiar actitudes, meter a alguien a la cárcel no es suficiente. Pero el arresto, seguido después por un programa obligatorio, puede ser muy efectivo, mientras los hombre violentos no busquen ayuda, o al menos dejen de ser violentos.

Cómo implementar estas ideas

Mientras escribo esto, escucho las noticias de varios países en donde la corrupción es algo cotidiano y las estructuras penales son otro instrumento de opresión, más que de rehabilitación social (si es que en algún momento lo fueron); o cuando mucho, sirven para hacer chistes de ellas. Tenemos que preguntarnos si en realidad existe el interés, los recursos y conocimientos para hacer los cambios descritos, cuando las necesidades básicas de alimentación, salud y educación no son o han sido mínimamente cubiertas.

Me parece evidente que todos estos problemas están relacionados y que la violencia del hombre en el hogar tiene un lugar preponderante dentro de las necesidades básica. No se puede crear un ambiente social saludable cuando el hombre está enseñando a sus hijos a ser violentos con sus parejas, y a sus hijas a aceptar la violencia. Cuando el hombre es violento en su hogar con las personas más cercanas, por un lado está reproduciendo un problema cuya solución está, metafórica y literalmente, en sus manos. Cuando quiere imponerse como la autoridad única en su hogar, está aceptando que fuera de su hogar hay otras personas que son autoridades sobre él; acepta una jerarquía destructiva en la que el sólo es un peón del dominio de las actitudes machistas que le prometen control, a pesar de su destrucción personal.

¿Cómo puede un hombre luchar por la justicia cuando él mismo está siendo injusto? Para este hombre, el concepto de justicia es sólo eso: un concepto, aunque diga lo opuesto. Si para el criminal el crimen es sólo un concepto, no tiene por qué renunciar a esta actividad. El hombre tiene que reconocer que aunque tenga muchas y muy buenas ideas, éstas sólo le sirven cuando las pone en práctica. Todo hombre cree ser «justo», pero basta ver los golpes que su pareja recibe para darnos cuenta de que su concepto de justicia es muy limitado. Cuando la mujer tiene miedo de salir a la calle, de hablar con su familia, de cocinar porque se le castiga, no importa el concepto que el hombre tenga de justicia; ella vive en la injusticia. Cuando el hombre acepta ser un eslabón en la cadena de opresión, está promoviendo su propia opresión.

El ser humano tiene la capacidad de cambiar su medio ambiente en una forma radical; y no sólo física, sino social. Este medio ambiente no es un concepto, sino una realidad que se vive 24 horas al día. Cuando el hombre ejerce violencia en su hogar, contamina el ambiente en que él mismo y su familia viven. Esta contaminación es perceptible físicamente por la sangre que deja en el piso, o los moretones en el rostro de la mujer. También cuando la familia se esconde para evitarlo, porque nadie puede saber cuál será su respuesta cuando llegue; puede ser violento o puede ser amable. Esta es una forma de contaminación del medio ambiente. Nadie que quiera mantenerse vivo se metería a una planta nuclear donde ha habido un accidente y exista una alta posibilidad de contaminarse. El hombre violento contamina su ambiente instigando miedo y malestar en el hogar. Si es capaz de vivir así, entonces es capaz de aceptar un trabajo de alto riesgo; vivir en medio de basura, vivir en un barrio donde el crimen es muy alto y la policía tan corrupta que hay que tenerle miedo; vivir en hacinamiento, en alcoholismo, etcétera. El machismo del hombre es un grave problema, porque acepta y promueve formas de vida represivas, jerárquicas y peligrosas. El ambiente en que vive la persona refleja cómo es por dentro; de modo que, si realmente quiere cambiar su vida, primero necesita cambiar internamente.

Es por esto que creo que los reguladores ecológicos ayudan al hombre a revisarse y revisar a su medio ambiente desde una perspectiva diferente. Estos reguladores le enseñan a tener una visión en la que sus acciones afectan a su medio ambiente y su medio ambiente lo afecta a él. Cuando un hombre para su violencia y reconoce que su pareja tiene igualdad de derechos, empieza a crear un medio ambiente muy diferente, un ambiente sano. Al hacer esto, no aceptará jugar el papel de peón en la cadena de opresión y rehusará participar en la corrupción tanto personal como política. Cuando deja de oprimir a la mitad del mundo, a las mujeres, empieza un proceso de solidaridad para resolver problemas que los aquejan a ambos. De este modo, empieza a tener apoyo y empieza a crear una fuerza política de solidaridad dentro de su familia. Esta solidaridad se va a traducir en cambios en las relaciones políticas y sociales en sentido de igualdad, sororidad, fraternidad y bienestar.

La sororidad es disposición, actitud de confiar en la otra persona, validar su experiencia aunque no estemos de acuerdo con ella. «La sororidad es un pacto político (...) y tiene un sentido filosófico para enfrentar la opresión de género y cualquier otra forma de opresión sobre la Tierra. Es un pacto basado en el reconocimiento de la diferencia. [...] En el pacto decidimos qué hacemos con las diferencias y con las semejanzas. Qué podemos acordar y qué no. Es un pacto sobre la discrepancia, no sobre el común acuerdo.»[6]

Espero que estas ideas y estas experiencias sirvan, por un lado, para hacer una reflexión y, por el otro, para que empecemos a actuar y a erradicar la violencia del hombre en el hogar. Estoy convencido de lo que muchas mujeres me han dicho, que necesitan que el hombre detenga su violencia hoy, no mañana. Esto es imprescindible para evitar la destrucción total, no sólo de los sistemas sociales, sino del medio ambiente y, finalmente, de la humanidad. El hombre que es capaz de destruir a sus seres queridos es capaz de destruirse a sí mismo y todo lo que encuentra en su camino; pero el hombre que es capaz de apoyarse y satisfacerse a sí mismo, es capaz de apoyar a su pareja, hijas, hijos y todo su medio ambiente.

Entrevista a Luis (tercera parte)

—*¿Recuerdas cómo decidiste quedarte en el programa?*
—Yo sabía que el programa era bueno; pero no quería comenzar a hacerlo porque sabía que si lo comenzaba a hacer, me iba a tener que comprometer; entonces no quería hacerlo porque sabía que era una responsabilidad muy grande de la que iba a tomar. Y yo no quería asumir esa responsabilidad, porque sabía que no me convenía según mis antiguas creencias. Si comienzo a asumir mi responsabilidad, eso quiere decir que todo mi dinero tiene que ir para la casa; ya no voy a poder salir a emborracharme; no voy a poder salir con mis amigos ni andar con mujeres; eso era otro problema grande que tenía. Todo esto me impedía asumir la responsabilidad.

---

[6] Lagarde, Marcela, *Claves feministas para el poderío y la autonomía de las mujeres*, p. 52.

Fue un momento clave cuando la corte me dijo que debía completar el programa o me metían nuevamente la cárcel. Eso fue un apoyo muy grande para poder comenzar a tomar la responsabilidad en el programa.

—*¿Cuál es el aspecto más importante que te ha ayudado a cambiar?*

—Yo creo que la clave es encontrar a alguien que lo puede escuchar a uno. Porque la verdad que sobran personas que escuchan, pero sólo para reírse o mofarse; o para apoyar la violencia. Yo pienso que en el programa ésa fue una de las bases, que fue lo mejor que yo pude haber encontrado. Hubo personas que me escucharon y me ayudaron a detener mi violencia. No eran personas que se reían de mí, sino que tomaban lo que era mi vida muy en serio. Yo creo que eso fue la base. Son varios aspectos, pero uno es que escucharan mis problemas y que me apoyaron en lo que yo quería hacer, que era algo que nunca me había pasado en mi vida: que alguien apoyara lo que yo quería hacer, lo que estaba haciendo. Sí encontraba ese apoyo, pero era desde el otro punto, del lado opuesto, del lado de la violencia. Otro punto importante del que me di cuenta es que en el programa nunca me mintieron. En el programa siempre me decían la verdad todo el tiempo, aunque fuera dolorosa o lo que fuera, me la decían. Yo creo que esa fue una de las partes que más me gustaron: la honestidad del programa. No andan con rodeos para decirle las cosas a uno, si es lo que está pasando, se lo dicen en la cara a uno.

—*¿Cuáles son las experiencias más interesantes que has tenido al dar clases como facilitador?*

—Algo que me llama la atención todo el tiempo, es cómo la violencia afecta a las personas; cómo afectó a los compañeros; de hecho, fue algo que me destruyó a mí también. Creo que eso es indispensable en el programa, porque la persona puede expresar su dolor o lo que siente según lo que ha hecho. Es uno de los puntos donde la persona puede comenzar a tomar conciencia de la seriedad el problema en el que está. Mientras uno no se meta en ese dolor, no se puede ver la realidad de la vida. Ya que se metió uno a ver los impactos de la violencia y los expresa, ahí es donde comienza un cambio muy grande.

—*¿Qué le dirías al hombre que está leyendo este libro?*

—Que busque ayuda. Porque uno de los defectos más grandes que yo tenía, era que nunca buscaba ayuda. No nos gusta informarnos sobre la ayuda que hay, porque siempre hay ayuda en cualquier parte del mundo. Siempre hay personas que están haciendo esta clase de trabajo, ya sea con violencia doméstica o con problemas de alcohol o drogas.

Que se den cuenta de que no es normal lo que están viviendo. Que no ver como igual a otras personas no es normal. Es un problema muy grande que tenemos miles de personas.

—*¿Por qué te gusta dar clase?*

Trabajar como facilitador me ayuda a mantenerme fuera de la violencia. Creo que es uno de los mejores apoyos que yo puedo tener, al mismo tiempo que otras personas se están beneficiando de lo que yo sé. Yo me beneficio de las experiencias de ellos. Yo no quiero caer en las experiencias en que ellos están. Cada día que doy clases es como verme en un espejo. Y porque yo sé que lo necesito, cuando la persona tiene un problema de violencia, este problema no se va, pero sí se puede aprender a cómo trabajar con ello. Yo creo que ese es mi alimento, estar dando clases y escuchar las experiencias de las otras personas, para no caer en eso yo mismo. Yo creo que esto es de por vida, estar trabajando conmigo mismo. Yo creo que el proceso de aprendizaje se acaba de hasta que nos morimos.

—*¿Puedes compartir una experiencia que te haya hecho sentir bien como facilitador?*

—Algo que me sucede semanalmente, es que viene uno de los hombres del grupo y me dice: «Gracias por el apoyo que me has dado el día de hoy», y me da un abrazo. Yo creo que eso no se puede comprar con dinero; la alegría y la satisfacción que se siente cuando viene una persona que ha entendido el mensaje que se le ha querido dar, y lo agradece. Esa es la experiencia que tengo cada semana: un hombre viene, me da un abrazo y me da las gracias por el apoyo que le he dado.

—*¿Qué más le podrías decir a los hombres y mujeres que están leyendo este libro?*

—Que si están viviendo algún tipo de violencia, la violencia no se justifica con nada y que busquen ayuda.

Ejercicio 10

Este ejercicio le ayudará a explorar su capacidad de no ser violento. Si usted cree que no puede hacer este ejercicio, es mejor que lo deje para otra ocasión. Lo invito a que sea muy cuidadoso y honesto cuando piense en ponerlo en práctica. La idea es que usted aprenda de sí mismo, no que ponga en peligro a su pareja o a usted mismo.

1. Dele a su pareja una copia del cuestionario del apéndice y compárela con sus propias respuestas.
2. Pregunte a su pareja si ella considera que usted ha sido violento con ella.
3. Cuando ella le dijo que es lo que piensa respecto a su violencia, ¿cómo reaccionó usted? ¿Pudo escucharla? ¿Se sintió frustrado, molesto o enojado? ¿Creyó que ella no estaba siendo justa? ¿Se dio cuenta de cómo le costó trabajo escuchar a su pareja?

Si usted pudo escuchar a su pareja; tuvo miedo pero lo aceptó y escuchó a su pareja hasta que ella terminó, usted ya ha podido evitar su violencia y es claro que no es violento incluso en situaciones muy difíciles. Si, por el contrario, usted trató de cambiar las opiniones de su pareja; si ella no quiso participar o usted fue violento en alguna forma, necesita apoyo porque está siendo violento; por alguna razón, su pareja le tiene miedo. En este caso, no trate de resolver el problema con su pareja, porque el problema es de usted; así que le conviene buscar ayuda profesional o acudir a un lugar con personas que lo apoyen para dejar de ser violento.

Para avanzar, usted puede empezar por revisar desde el primer ejercicio y usar cada capítulo de este libro como guía. La clave es reconocer primero cuáles conductas violentas está usando, cuándo las usa y por qué. Después de esto, puede empezar a trabajar con su autoridad: ¿quién es esa autoridad?; ¿cómo la aprendió?; ¿cómo se impone esta autoridad? Una vez que ha aclarado esto, necesita saber qué servicios espera de su pareja y darse cuenta de que la está tratando como menos que usted. Cuando ella se opone a su autoridad y le niega sus servicios, usted puede empezar a reconocer su riesgo fatal. ¿Qué siente cuando está en riesgo fatal?; ¿qué piensa cuando está en este momento?

Reconozca que si usted se encuentra en su riesgo fatal, espera servicios de su pareja y que ella lo acepte como la autoridad. Para dejar de ser violento con ella, es necesario aprender a tener una relación más equitativa con ella.

Es claro que no es lo mismo tener el apoyo de un facilitador que le ayude directamente; pero de cualquier forma, usted tiene la capacidad de dejar de ser violento cuando lo desee.

Los hombres que, después de leer y contestar estos ejercicios, deseen cambiar y construir mejores relaciones, pueden comenzar un proceso psicoterapéutico o asistir a un grupo que trabaje con hombres que deseen dejar de ser violentos. Los grupos que ofrecen este servicio son:

En México
CORIAC
Colectivo de Hombres por Relaciones Igualitarias, A.C.
Matías Romero 1353-2, Col. Vértiz-Narvarte
México, D.F.
Tel./fax: 5604-1178
Correo electrónico: coriac@laneta.apc.org

En Estados Unidos
POCOVI
Programa de Hombres Contra la Violencia Intrafamiliar
474 Valencia, Suite 150
San Francisco, CA. 94103
Tel./fax: (415) 552-1361
Correo electrónico: 72632.24@compuserve.com

CECEVIM
Centro de Capacitación para Erradicar la Violencia
Intrafamiliar Masculina
474 Valencia, Suite 150
San Francisco, CA. 94103
Tel. (415) 810-2348 Fax (415) 552-1361
Correo electrónico: 72632.24@compuserve.com

Me parece prudente recordarle al lector que existen diversas opciones para dejar de ser violento:

1. Aclarar para usted mismo su propia filosofía y reconocer si apoya la violencia o no (es decir, si está de acuerdo con el uso de la violencia como el único medio para solucionar los conflictos). Los ejercicios de este libro pueden ayudarle.
2. Puede incorporarse a un programa para hombres que deseen dejar de ser violentos.
3. Puede empezar un proceso de psicoterapia.

La manera ideal para encontrar su *Yo real* y dejar de ser violento sería participar en un programa contra la violencia, pero las otras opciones también pueden ayudarle. Lo más importante es que comience a trabajar para dejar de ser violento.

Buena suerte.

Conclusiones

Después de una presentación, una mujer se me acercó y, tomándome las manos, me dijo: «Somos diez hermanas, y esa violencia de la que usted habló, todas la hemos vivido. Gracias por hablar en contra de la violencia del hombre.» Me quedé sin palabras, ¿qué podía decir?; ¿qué más puedo hacer?, ¿puedo cambiar algo en su vida?, ¿cuál es la solución? Se fue caminado despacio, como si quisiera asegurarse de que había dejado una huella en mí. Se perdió entre la gente; no supe su nombre, pero me dejó un dolor muy profundo. ¡No es justo!, no podemos aceptar esta destrucción de nuestras compañeras, hijas, maestras, hermanas y madres: Es hora de despertar, necesitamos despertar.

Se dará cuenta de que no le he dado recetas o consejos específicos, porque creo que cada persona tiene la capacidad de generar sus propias decisiones, basada en su experiencia. Las propuestas que expongo son sólo la base para aprender a hacerse responsable de sí mismo y, por extensión, de los impactos que esto tenga en su propia vida y la de quienes lo rodean.

Creo que todos y todas tenemos la capacidad de llegar a nuestro *Yo real* en cualquier momento y pienso que no es posible ser violento con las personas que amamos, si nos mantenemos en este *Yo real*. Ésta no es sólo una posición filosófica, sino también es ecológica, en el sentido de que el *Yo real* tiene una función de desarrollo creativo para obtener una mejor forma de vida para la persona y su medio ambiente, incluyendo a otras personas.

El problema surge cuando evadimos la responsabilidad y dejamos que nuestros espacios internos, o sea nuestros pensamientos y nuestro cuerpo, sean influidos por la cultura y la sociedad patriarcal que nos dice que la vida propia y la de otras personas no es importante. La solución es aprender quién es usted y decidir si quiere adoptar esta filosofía patriarcal o si diverge de ésta y desea basar su vida en su propia filosofía. La respuesta que siempre escucho de los hombres con los que trabajo, es que desean apartarse de la destrucción que causa su aceptación del machismo o masculinidad patriarcal.

Es necesario cambiar este tipo de relaciones jerárquicas y violentas y crear una sociedad y cultura de equidad y democracia, donde todas las personas tengamos apoyo para desarrollar nuestras capacidades, en lugar de vivir limitados tanto interna como externamente. Es mucho más fácil vivir en una sociedad creativa porque todos y todas asumimos por igual la responsabilidad de la dirección de nuestras vidas. Para llegar a esto, es necesario promover un cambio muy profundo de sí mismo, para después promoverlo en su sociedad y su cultura. La sociedad y cultura que usted puede cambiar de inmediato está dentro de su propio hogar.

Si usted no quiere dejar de ser violento en su medio ambiente más cercano, con las personas más cercanas a usted, usted seguirá aceptando el hambre, el hacinamiento, la corrupción, basura tóxica, crimen, guerras, contaminación del medio ambiente; y esto nos llevará a todos y todas a la destrucción del planeta.

Usted puede empezar a evitar esta destrucción, empezando en su propio hogar. Cambiar a toda la sociedad es una tarea demasiado grande para un pequeño grupo de individuos, pero cambiar su propio grupo es una tarea que se puede llevar a cabo fácilmente. La decisión está en sus manos, es tiempo de despertar.

Apéndice

Cuestionario

Usted probablemente se estará preguntando si es violento o no, así que le vamos a dar una guía para que usted decida si lo es o no. Conteste con toda la honestidad posible las siguientes preguntas, seleccionando una de las opciones. Después, compare los resultados.

1. Cuando mi pareja me habla, nunca le pongo atención

   Sí   No   5 o más veces

2. Me gusta hacerle bromas pesadas a mi pareja

   Sí   No   5 o más veces

3. Si mi pareja hace algo que no me gusta, no le digo

   Sí   No   5 o más veces

4. En general, me quedo callado cuando ella espera una respuesta

   Sí   No   5 o más veces

5. Generalmente hago algo para molestarla

   Sí   No   5 o más veces

6. Generalmente no participo en las labores del hogar

   Sí   No   5 o más veces

7. Yo soy el que controla el dinero en la casa

   Sí   No   5 o más veces

8. Espero que mi pareja me pida permiso cuando quiere hacer algo

   Sí   No   5 o más veces

9. Pienso que ella no es inteligente y se lo hago saber

        Sí   No   5 o más veces

10. Miro a otras mujeres cuando mi pareja está presente y la comparo

        Sí   No   5 o más veces

11. No me intereso por lo que mi pareja dice o hace, a menos que me afecte

        Sí   No   5 o más veces

12. Siempre espero que ella se adapte a lo que yo quiero

        Sí   No   5 o más veces

13. Siempre quiero que se adapte a mi tiempo

        Sí   No   5 o más veces

14. Cuando hablamos, no puedo mantener la calma

        Sí   No   5 o más veces

15. Mi pareja me tiene miedo

        Sí   No   5 o más veces

16. Cuando hablo con ella levanto la voz

        Sí   No   5 o más veces

17. Generalmente la insulto

        Sí   No   5 o más veces

18. Generalmente la amenazo

        Sí   No   5 o más veces

19. Constantemente le digo que no sirve para nada

        Sí   No   5 o más veces

20. La he empujado una o más veces

        Sí   No

21. La he abofeteado una o más veces

        Sí   No

22. La he golpeado con el puño una o más veces

        Sí   No

23. La he golpeado con objetos una o más veces

       Sí   No

24. He usado armas contra ella

       Sí   No

25. Mis hijos me tienen miedo

       Sí   No

26. He tenido sexo con mi pareja aunque ella realmente no quería

       Sí   No   5 o más veces

27. Uso pornografía para «calentar» a mi pareja

       Sí   No   5 o más veces

28. Toco a mi pareja cuando ella no quiere

       Sí   No   5 o más veces

29. Le hago bromas sobre tener otras mujeres, o la comparo con otras

       Sí   No   5 o más veces

30. Quiero controlar su sexualidad

       Sí   No   5 o más veces

Las primeras quince preguntas son indicadores de violencia emocional. Si usted contestó afirmativamente más de tres y lo hace cinco o más veces, usted está siendo emocionalmente violento con su pareja.

De la pregunta 16 a la 19 se refieren a conductas de violencia verbal. Si contestó «5 o más veces» a más de una, usted está siendo verbalmente violento.

De la pregunta 20 a la 24, se refieren a violencia física, así que si respondió sí a más de una, usted es violento físicamente.

La pregunta 25 le ayuda a saber con certeza cómo lo ven en su casa. Si sus hijos e hijas le tienen miedo, es una indicación clara de que usted es violento, y ellos temen ser maltratados por usted.

De las preguntas 26 a la 30, son prueba de violencia sexual. Si usted contestó a más de una y además respondió «5 o más veces», usted está siendo sexualmente violento.

Bibliografía

Badinter, Elisabeth, *XY: la identidad masculina,* España, Alianza Editorial, 1993.

Boffil, Luis y Guadalupe López, «La mitad de las familias yucatecas padecen maltrato físico y sexual», en: Periódico *La Jornada,* México, p. 52, 29 de agosto de 1998.

Cazés, Daniel, *La perspectiva de género,* México, Consejo Nacional de Población, 1998.

Connell, Robert W., *Masculinities,* Estados Unidos, University of California Press, 1995.

Dobash, R. Emerson y Russell Dobash, *Violence against wives,* Estados Unidos, Free Press, 1983.

Evans, Patricia, *Verbally abusive relationship,* Estados Unidos, Editorial Bob Adams, 1992.

Füller, Norma; *Identidades masculinas,* Perú, Fondo Editorial de la Pontificia Universidad Católica del Perú, 1997.

Gilligan, James, *Violence,* Estados Unidos, Editorial Grosset/Putnam, 1992.

Gilmore, David, *Manhood in the making,* Estados Unidos, Editorial Yale, 1990.

Gómez Nadal, Paco, «Sopa de muñeca a discreción», en: Periódico *El País Internacional,* Managua, 22 de Marzo de 1998.

Jones, Ann, *Next time she'll be dead,* Estados Unidos, Beacon Press, 1994.

Lagarde, Marcela, *Género y feminismo,* España, Horas y Horas, 1997.

———, *Los cautiverios de las mujeres: madresposas, monjas, putas, presas y locas,* México, UNAM, 1990.

———, *Claves feministas para el poderío y la autonomía de las mujeres,* Nicaragua, Puntos de Encuentro, 1998.

Moliner, María, *Diccionario del uso del español,* Madrid, Gredos, 1977.

Real Academia de la Lengua Española, *Diccionario de la Lengua Española*, España, Espasa-Calpe, 1992.

Seidler, Victor, *Unreasonable men. Masculinity and social theory,* Estados Unidos, Editorial Routledge, 1994.

Video *¡Ya no más!,* Producción del Grupo de Mujeres de San Cristóbal de las Casas, Chiapas, México.

Esta obra se terminó de imprimir
en marzo del 2004, en los Talleres de

IREMA, S.A. DE C.V.
Oculistas No. 43, Col. Sifón
09400. Iztapalapa, D.F.